TRAMAS

El arte de criar hijos que amen a Dios,
la familia y el mundo.

Familia La Red

LA RED
PUBLISHING

Chattanooga, EEUU · Buenos Aires, Argentina

Tramas: El arte de criar hijos que amen a Dios, la familia y el mundo

© 2025 por La Red
Publicado por La Red Publishing

ISBN pasta blanda 978-1-968731-00-7
ISBN libro electrónico 978-1-968731-01-4

Portada diseñada por Marina Grillo
Instagram @marinagrillo

Para ponerse en contacto con el autor o pedir informes sobre descuentos por volumen para iglesias y grupos de estudio bíblico, visite www.larednetwork.org.

A todos aquellos que siguen creyendo
en la familia como el sueño de Dios
y en la iglesia como la expresión de Su hogar
en la tierra.

ELOGIO PARA *TRAMAS*

"*Tramas* nos abre el corazón a las experiencias de padres comprometidos con dejar una huella eterna en sus hijos. Los principios bíblicos guían, las historias conmovedoras inspiran y las herramientas prácticas nos regalan dirección. Este libro inspira a criar con amor, fe y presencia, construyendo familias que impactan generaciones desde la raíz, el hogar".

Esteban y Arlene Grasman
Pastores de Iglesia Ancla, Tijuana, México

"*Tramas* nos inspira con historias del sagrado arte de tejer con amor: familia, iglesia, hijos y comunidad. Como hijo de pastor, este libro sanó cosas en mí que me hacen un mejor padre. Todo pastor, líder o ministro necesita tener *Tramas* entre sus manos. Es un legado de esperanza viva".

Gabriel Borja
Director Espiritual; Podcast Umano

"Como padres de una pequeña de 7 años, *Tramas* fue un recordatorio poderoso de que criar no es solo educar, sino formar el corazón. Nos desafió a cultivar en casa una fe viva, relaciones profundas y valores cristianos sólidos, construyendo desde el amor un legado que perdure más allá de nuestra generación".

Marcos y Ximena Fridman
Pastores de Iglesia Urban, Buenos Aires, Argentina
Autor de *Igletrauma* (Marcos)

"*Tramas* es una guía que toca el corazón y eleva la mirada de los padres hacia el propósito eterno de la familia. Nos invita a ser intencionales en nuestro rol, a sembrar con fe y a construir un hogar donde el amor de Dios sea el fundamento. Cada página refleja el ejemplo vivo de nuestros queridos amigos Daniel y Misty, cuya entrega y pasión por su familia nos siguen retando e inspirando a caminar con propósito y esperanza".

Bengie García y Vanessa Vissepó
Pastores de Iglesia Visible, Georgia, EEUU
Artista de música cristiana (Vanessa)

"Leer *Tramas* es abrir la puerta de hogares reales, donde la fe se vive entre risas, lágrimas y conversaciones profundas. Nos recuerda que criar hijos no se trata de hacerlo perfecto, sino de caminar con ellos con el corazón abierto, apuntándoles al amor de Dios con nuestras acciones diarias. Es un libro para leer con lágrimas en los ojos, una sonrisa en el alma y un renovado deseo de ser padres con propósito".

Edgar y Mardia Lira
Pastores de Iglesia Central Español, Las Vegas, EEUU
Artista de música cristiana (Edgar)

PRÓLOGO

Lo notamos especialmente cuando viajamos o cuando participamos en conciertos, fiestas de cumpleaños o reuniones comunitarias donde se juntan familias. Niños mirando pantallas mientras sus padres también están pegados a sus dispositivos. Muchos de nosotros vivimos conectados a nuestras pantallas, incluso cuando estamos físicamente presentes con nuestros hijos. En una fiesta reciente, yo (Stephanie) vi cómo la cumpleañera abría sus regalos mientras varios adultos cercanos estaban más atentos a las redes sociales o al resultado del partido de su equipo.

Todo esto nos hace recordar nuestra propia infancia, como parte de la última generación analógica. Ambos nos graduamos del colegio sin tener un celular. Yo (Daniel) abrí mi primer correo electrónico en mi último año. En aquel entonces, internet aún no ocupaba un lugar central en mi vida—ni en la de mis padres. La presencia de los padres se vivía de otra manera. Aunque hay aspectos de la crianza que permanecen, el mundo en el que hoy criamos a nuestros hijos ha cambiado profundamente.

En 2024, el Cirujano General de los Estados Unidos publicó un informe titulado "Padres bajo presión: la salud mental y el bienestar de los padres". En él se reconoce el estrés parental como uno de los desafíos más urgentes de salud pública de nuestros tiempos. Lo que más nos impactó no fue solo la estadística, sino el hecho de que las causas del estrés—la incertidumbre económica, la soledad, la presión del tiempo y la sobrecarga tecnológica—no son exclusivas de Estados Unidos. Son realidades compartidas por padres y madres en todo el mundo.

Por eso este libro que tienes en tus manos es tan importante.

Es un coro de voces—padres imperfectos, escribiendo desde la experiencia, compartiendo con humildad y honestidad lo que han aprendido en el camino. Sus historias se entrelazan en una narrativa rica y llena de esperanza que nos recuerda que no estamos solos. Ellos saben, por experiencia propia, que el futuro de nuestras familias se construye a partir de las decisiones con propósito que tomamos hoy. Sus palabras ofrecen compañía y valentía, no porque tengan todas las respuestas, sino porque han elegido permanecer presentes, con intención y fe.

Conocemos personalmente a varios de los que escriben aquí. Son amigos que han abierto las puertas de sus casas, sus iglesias y sus corazones a nosotros. Hemos compartido mesas, oraciones, conversaciones profundas y muchas risas. Lo que leerás en estas páginas no es teoría, es vida. Es lo que sucede cuando la fe se encuentra con la paternidad en el día a día, con sus alegrías inesperadas y sus desafíos inevitables.

Este libro también refleja algo que nuestras sociedades necesitan con urgencia: comunidades de padres que no solo nombren los desafíos, sino que también compartan sus logros, fracasos y todo lo que hay en el medio. La crianza es difícil. Pero no tiene por qué ser solitaria. Las voces que leerás te invitan a jalar una silla, servirte un café—o un mate—y sentarte entre amigos que han decidido criar con propósito.

Tal vez, al leer estas páginas, te animes a reunirte con otros padres y contar tus propias historias. Quizás tus aciertos y tus errores puedan inspirar a alguien más. Quizás recuerdes que incluso en la era digital, criar hijos que amen a Dios, amen a su familia y amen a la iglesia no solo es posible, es profundamente valioso.

Esto no es una ciencia exacta. Es un arte. Uno sagrado.

Y mientras recorres estas páginas, que encuentres aquello que tu alma ha estado buscando—no respuestas perfectas, sino compañeros fieles. Que te sientas visto. Animado. Fortalecido. Y que el Dios que nos cría a todos se encuentre contigo justo en medio de tu propia y hermosa historia en desarrollo.

—Daniel y Stephanie Gutierrez

Daniel y Stephanie son fundadores de FootRock (footrock.org) y conferencistas internacionales sobre el matrimonio. Daniel es profesional en salud mental con maestría en Terapia Matrimonial y Familiar, y Stephanie es coach ontológico y de liderazgo con maestría en Consejería en Servicios Humanos.

ÍNDICE

PRÓLOGO   v

LA HISTORIA DETRÁS DE LAS HISTORIAS   1
por Daniel y Misty Escobar y Naty Grillo

1. ELEGIR EL CAMINO CON LOS OJOS ABIERTOS   9
Crianza con intencionalidad | Daniel y Misty Escobar

2. SEMILLAS DE FE   21
Criando hijos que aman a Dios | Darío y Mariel Acosta

3. EL AMOR EMPIEZA EN CASA   33
Criando hijos que aman a la familia | Naty Grillo

4. RAÍCES EN COMUNIDAD   47
Criando hijos que aman a la iglesia | Gabriel y Gabriela Sánchez

5. AMAR COMO FORMA DE VIDA   57
Criando hijos que aman a otros |Roberto y Andrea Vilaseca

6. CONOCIÉNDOLOS DE VERDAD   67
El autoconocimiento y crianza de diferentes
personalidades |Daniel y Misty Escobar

7. TESOROS ESCONDIDOS EN SUS MANOS 79

Descubriendo los dones de tus hijos | Darío y Mariel Acosta

8. SANAR, ACOMPAÑAR, VOLVER A CONFIAR 91

Criando hijos que enfrentan sus desafíos | Gabriel y
Gabriela Sánchez

9. CUANDO LA VIDA CAMBIA DE GOLPE 99

Criando hijos que abrazan los cambios | Roberto y
Andrea Vilaseca

10. PREPARÁNDOLOS PARA VOLAR 109

Soltar con fe, mirar con gratitud | Fernando Grillo

CONCLUSIÓN: EL LEGADO CONTINÚA 125

Daniel y Misty Escobar

LO QUE ELLOS TIENEN PARA DECIRNOS 129

Nuestros hijos hablan

ACERCA DE LOS AUTORES 201

LA HISTORIA DETRÁS
DE LAS HISTORIAS

Daniel y Misty Escobar y Naty Grillo

Daniel: ¿Por qué otro libro de crianza?

Era un sábado por la mañana en Fairfax, Virginia. El clima estaba perfecto y nos dirigimos a un partido de fútbol muy emocionados por ver jugar a nuestro hijo Samy, de escasos cuatro o cinco años. Apenas estaba aprendiendo, pero el coach, no sé ni por qué, decidió ponerlo de delantero, tal vez debido a que era muy rápido. El partido comenzó y, como típicos papás, estábamos llenos de nervios. Veíamos a nuestro pequeño con su uniforme impecable, sin una sola mancha, y nos preocupaba que se cayera, se golpeara o se ensuciara. Pero, más allá de los nervios, lo único que realmente queríamos era estar ahí.

Se me salen las lágrimas al escribir estas memorias que han marcado mucho mi relación actual con mi hijo. Recuerdo ese momento como si fuera ayer. De repente, Samy recibe el balón, y con sus pequeñas y veloces piernas, corre, lo conduce con determinación y mete su primer gol. Puedes imaginarte nuestra reacción: queríamos gritar a los cuatro vientos *"¡Ese es mi hijo!"*, como cualquier padre orgulloso. Pero lo que más quedó grabado en mi corazón fue lo que ocurrió después. Al anotar, antes de celebrar, lo primero que hizo fue voltear a buscarnos con la mirada y nos regaló una sonrisa que decía, sin palabras: *"Gracias por estar aquí"*. Luego, siguió corriendo, festejando su gol.

Ese día aprendí una de las lecciones más valiosas como padre: la importancia de estar presente. De acompañar a nuestros hijos, de hacer el esfuerzo por bajar a su mundo, porque ellos aún no entienden el nuestro. Sé que esa mañana bien pude haber estado trabajando o atendiendo compromisos pastorales, pero tomé la decisión intencional de estar ahí. Y hoy, casi trece años después, seguimos viendo esa misma sonrisa en Samy diciéndonos: *"Gracias por estar aquí"*.

Te comparto esta historia porque quiero que este libro sea algo personal. No será solo una serie de consejos, sino un recorrido por experiencias reales, historias que han marcado la vida de familias que aman a Dios, que valoran a su familia, la iglesia y a las personas. No estamos diciendo que todo sea perfecto —porque no lo es— pero sí podemos asegurarte que estas historias provienen de padres e hijos con quienes hemos compartido nuestra mesa, nuestras conversaciones y nuestra vida.

Escribimos este libro porque creemos profundamente en la importancia de la familia: en los matrimonios, en la relación entre padres e hijos y en el impacto eterno que tiene nuestra presencia en sus vidas.

Así que te animo a que prepares tu corazón y tu mente para recibir y procesar los principios que compartiremos contigo. No tengo duda de que fortalecerán la relación con tus hijos llevándola a otro nivel. Oramos porque juntos construyan lazos tan fuertes que ninguna circunstancia los pueda romper.

Misty: ¿Por qué tantos autores juntos?

A lo largo de los años, La Red ha tenido un programa de *internship* (prácticas) que brinda la oportunidad a los jóvenes de viajar y servir en el ministerio. Hemos colaborado con practicantes de Costa Rica, Paraguay, Colombia, México y Argentina. Por lo general, encontrábamos familias anfitrionas para estos jóvenes y trabajábamos estrechamente con ellas en el entorno de la iglesia.

En 2015, recibimos un regalo sorprendente de Dios desde Buenos Aires, Argentina, personificado en Julián Sánchez. No sabíamos el efecto que su tiempo en Washington DC tendría en nuestro ministerio y nuestras vidas. A la temprana edad de 18 años, Julián llegó lleno de energía y con ganas de servir en todo lo que fuera necesario durante el lanzamiento del nuevo campus de nuestra iglesia. Julián se quedaba con una familia anfitriona, pero tuvimos el privilegio de tenerlo en nuestra casa varias veces a la semana y de pasar mucho tiempo de calidad con él. Nos impresionó muchísimo su pasión por el ministerio y su amor por su familia. Pasó un año con La Red en DC y, a través de él, comenzamos a conocer a sus padres. Nuestro primer viaje a Buenos Aires en el 2016 surgió a través de conversaciones con la familia Sánchez. Dios estaba tramando algo.

En dos ocasiones decidimos ser la familia anfitriona para algunos practicantes. Poco sabíamos que abrir las puertas de nuestra casa significaría expandir el espacio en nuestro corazón y amar a estos chicos como si fueran nuestros. Durante su experiencia con La Red, Julián Sánchez hablaba con una buena amiga suya, también de Buenos Aires, Marina Grillo. Marina observó la emoción de Julián y decidió vivir su propia aventura con La Red. Ella llegó a Washington DC en el 2016 y vivió con nosotros durante seis meses del año que, en total, duró su

> NO TENGO DUDA DE QUE FORTALECERÁN LA RELACIÓN CON TUS HIJOS LLEVÁNDOLA A OTRO NIVEL.

participación. Hasta el día de hoy, tenemos recuerdos de Marina cantando y bailando en nuestra casa, cocinando sus platillos favoritos, amando a nuestros niños y convirtiéndose en una querida amiga de nuestra hija. Asistió a conciertos escolares y eventos familiares, participó en nuestras tradiciones navideñas y dio la bienvenida al Año Nuevo con nosotros. El tiempo que compartimos y su servicio en La Red prepararon el escenario para lo que ahora es la iglesia Human en Buenos Aires. Su experiencia como practicante abrió sus ojos a nuevas posibilidades y le ayudó a despertar un sueño que había estado guardado en el corazón de sus padres durante muchos años. Nuestras videollamadas durante esos seis meses con sus padres, Fernando y Naty Grillo, fueron el comienzo de una amistad especial que ha seguido floreciendo y creciendo desde entonces.

NO HAY MAYOR REFLEJO DE UNA BUENA CRIANZA QUE EL PROPIO HIJO.

Después de regresar a Argentina, la emoción de Marina despertó el interés en su hermano, Bruno, y él terminó uniéndose al programa en febrero de 2018. En ese entonces, nosotros nos habíamos mudado a Mexicali, México, por lo que Bruno atravesó su experiencia en la iglesia Vida Siete, donde también estábamos sirviendo en ese momento. Bruno se convirtió rápidamente en el "hermano mayor" de la casa y sigue siendo una de las personas favoritas de mis hijos en todo el planeta. Debido a que estuvo con nosotros durante un tiempo de transición para nuestra familia, su experiencia fue verdaderamente única. Tenemos muchas fotos familiares durante ese tiempo, y Bruno está en todas.

Tener a Julián Sánchez cerca y a los hijos Grillo en casa fue enriquecedor para nuestra familia y el comienzo de amistades que durarán toda la vida. También nos brindó la oportunidad de presenciar de primera mano el fruto de la buena crianza de los hijos. No solo pudimos escuchar los relatos personales de Julián, Marina y Bruno sobre su crecimiento y percibir el honor y el respeto que tienen por sus padres, sino que también pudimos observar de cerca su dinámica familiar. *No hay mayor reflejo de una buena crianza que el propio hijo.* En cada temporada de nuestra relación con esos chicos y sus familias, hemos sido y seguimos siendo bendecidos por su ejemplo.

Estas conexiones inesperadas nos llevaron a comenzar La Red y despertaron en nosotros el deseo de mudarnos fuera del país para aprender de primera mano los desafíos que enfrentan los sembradores de iglesias en América Latina. En 2017, empacamos todas nuestras pertenencias (vendimos muchas de ellas) y nos dirigimos primero a Mexicali, México. Después de un año de servir en la iglesia que fundó el hermano de Daniel, Vida Siete, empacamos nuevamente y nos dirigimos a Buenos Aires en octubre de 2018, con el fin de hacer todo lo posible por servir a las dos familias en sus iglesias.

Vivimos 14 meses en Buenos Aires y, a la vez que seguíamos profundizando nuestras amistades con los Sánchez y los Grillo, tuvimos el honor de conocer a Roberto y Andrea Vilaseca, así como a Darío y Mariel Acosta; dos parejas con el deseo de fortalecer sus iglesias para seguir expandiendo el Reino de Dios. El Señor creó lazos de amistad sumamente especiales entre todas estas familias, y tan rápido que, así como pudimos servirles a ellas y a sus equipos en las cuatro iglesias, también conseguimos pasar tiempo en sus casas conociéndolas mejor. Una de las cosas que comentábamos a menudo durante nuestro tiempo en Argentina era el testimonio de buena crianza que se evidenciaba en estas cuatro familias. ¿Cómo era posible que, de cuatro hogares distintos, con un total de catorce hijos, existiera tanta solidaridad, respeto y honor? Esto era algo por lo que habíamos trabajado mucho en nuestra propia trayectoria como padres y, siendo nuestros hijos un poco más pequeños, nos resultó muy alentador ver el fruto de nuestras nuevas amistades. Daniel y yo decíamos entre nosotros que el mundo de habla hispana necesita ver este ejemplo y conocer lo que es posible.

En octubre del 2019, antes de regresarnos a vivir a EE.UU., tuvimos el privilegio de hacer un viaje inolvidable juntos (las parejas hasta ahora mencionadas más otras dos) como equipo de La Red en Cape Town, Sudáfrica. Durante una noche de oración, un buen amigo de La Red oraba sobre nosotros y nuestro equipo. Fue un momento muy profético que significó un antes y después en muchos aspectos. Lo que más me quedó marcado fue cuando nuestro amigo dijo que sentía de parte de Dios que los miembros de La Red ahí presentes teníamos que escribir en conjunto un libro sobre la familia y la crianza de los hijos. No hace falta decir que fue una confirmación para nosotros que ya contábamos con esa inquietud, y más que eso: fue una encomienda. Hemos tenido trabas para llegar hasta este momento, pero perseveramos y se ha vuelto una realidad.

Ninguna familia es perfecta y el propósito de este libro no es promover una paternidad de ese tipo. Afortunadamente, hay gracia para los momentos en que nos equivocamos. Y mucho de lo que sale bien, a medida que nuestros hijos crecen, es el resultado de aprender de nuestros errores. Al mismo tiempo, queremos dar espacio a aquellos que han tenido éxito en el camino de la crianza. Este libro es una de esas oportunidades. Abre tu corazón mientras lees estas historias que hablan sobre cómo es posible criar hijos que amen a Dios, la familia, la iglesia y a los otros.

Naty: ¿Por qué elegir "Tramas" como título?

Me asombra y me conmueve la forma compleja y natural con la cual Dios nos entrelaza. Desde el principio de los tiempos, Su mayor deseo ha sido tener una relación de amor con los humanos, y esta esencia fue insuflada en el corazón de Sus criaturas y expresada en la naturaleza. Basta observar un bosque para entender el diseño divino de relación que conecta a cada árbol por debajo de la superficie. Más allá de sus individualidades, especie, edad o tamaño, los árboles están unidos por una red natural que los vincula: el micelio. Este fenómeno natural simula una *trama* que recorre millones de kilómetros por debajo de la tierra, convirtiéndose en el alma de los bosques, un vasto entramado que nutre, comunica y sostiene a cada árbol, enlazando raíces y plantas, compartiendo los beneficios del suelo. Es una fuerza silenciosa y potente que mantiene el equilibrio transformando y creando.

Nada ajeno a la experiencia humana cuando estamos plantados y desarrollándonos en un ecosistema de relaciones saludables.

Dios nos permitió vivir esta experiencia como La Red y como familias. No es un modelo acabado, es un diseño imperfecto de relaciones naturales y orgánicas que se van entrelazando de manera divina.

En el marco de este libro, y de la experiencia siendo parte de La Red, Dios nos dio el privilegio de aportar nuestras historias familiares como *tramas* únicas e irrepetibles que sirvan de inspiración para que tú puedas crear la tuya; en este divino y asombroso arte de criar hijos que amen a Dios, la familia y la iglesia.

1. ELEGIR EL CAMINO CON LOS OJOS ABIERTOS

CRIANZA CON INTENCIONALIDAD

Daniel y Misty Escobar

"Una vida sin intención acepta todo y no hace nada. Una vida intencional abarca solo las cosas que se sumarán a la misión de significado".
—John Maxwell

Las palabras tienen poder. Pueden crear y destruir. Las palabras empoderan, pero también menosprecian. Traen vida y traen muerte. Traen dirección. Cada año yo (Misty) paso las primeras semanas de enero orando y pidiéndole al Señor por una o varias palabras para el nuevo año. Una palabra que me dará enfoque y también me animará a soñar. Una palabra que llegará hasta el centro de mi ser y me profetizará sobre los próximos doce meses. ¿Por qué hago esto? Porque elijo ser intencional respecto a cómo vivo. No quiero dejar las cosas al azar. Quiero que cada pensamiento y cada acción cuenten para algo. A lo largo de los años, he tenido diferentes palabras: paciencia, propósito, acción, respira, familia, compromiso, creatividad, generosidad, sencillez, etc. Pero con cada palabra nueva, hay otra que siempre la acompaña: *intencionalidad*. Es sin duda una de mis palabras favoritas, y de las que utilizo más constantemente. Mi esposo Daniel también la ama. Más de una vez nos han dicho que la usamos demasiado. ¿Por qué nos gusta tanto esta palabra? ¡Porque creemos en ella! Tratamos de vivir a través de ella, porque sabemos la diferencia de la vida con y sin intencionalidad. Hemos aprendido de nuestras propias experiencias, así como de los ejemplos e historias de otros.

Según el Diccionario de Oxford, intencionalidad es "el hecho de ser deliberado o intencional". El Diccionario de Psicología de la APA la describe como "una característica de los actos de un individuo que requiere que este tenga metas, deseos y estándares; selecciona comportamientos que estén al servicio de la consecución de la meta; y llame a la conciencia un estado futuro deseado". La intencionalidad no deja lugar a acciones y decisiones casuales y accidentales. Siempre hace las preguntas "¿por qué y cómo?". La intencionalidad se apodera deliberadamente del futuro con el que sueñas, las metas que tienes y los cambios que deseas realizar; a la vez que trae todas esas cosas a tus circunstancias presentes como un faro y una guía para tus actitudes y decisiones.

George B. Leonard dijo una vez: "En última instancia, la intencionalidad humana es la fuerza evolutiva más poderosa de este planeta". ¿Sabías que tienes acceso a este tipo de poder? Tómate un momento para pensar en tu vida. Elige un área de tu vida en la que te gustaría ver un cambio. Tal vez ya hayas comenzado a tomar medidas para experimentar la transformación. Si es así, ¡te aplaudo! ¿Cómo se vería si comenzaras a ser intencional acerca de ver ocurrir este cambio? En lugar de dejar pasar cada día con la esperanza y el deseo de ver una diferencia, ¿qué pasaría si realmente comenzarás a tomar decisiones con un propósito para trabajar hacia el cambio que anhelas? Tus pasos intencionales pueden incluir: reorganizar tus prioridades, ajustar tu calendario, minimizar el tiempo que pasas en las redes so-

> LA INTENCIONALIDAD SE APODERA DELIBERADAMENTE DEL FUTURO CON EL QUE SUEÑAS, LAS METAS QUE TIENES Y LOS CAMBIOS QUE DESEAS REALIZA.

ciales, programarte mejor para trabajar en objetivos, etc. El plan de intencionalidad de cada persona será diferente.

Este libro obviamente no es una guía general de autoayuda. Es un libro para padres sobre la crianza de los hijos. Puedes pensar que nos hemos desviado del tema, pero en realidad estamos siendo muy *intencionales* al comenzar de esta manera. ¿Por qué? Creemos que Dios nos ha llamado a ser padres intencionales. Si estás asumiendo que criar a tus hijos de esta forma es mucho trabajo, ¡estás 100 por ciento en lo cierto! Ser un padre intencional no es precisamente la manera más fácil de criar a los niños. Significa tener un plan y priorizar dónde pones tu tiempo y energía. Significa decir "no" muchas veces a lo que podrías querer en el momento y decir "sí" a las conversaciones difíciles y al amor duro. Significa apagar la televisión y todos los demás dispositivos para encender una conexión de corazón a corazón con nuestros hijos. Requiere sacrificio y una gran inversión de tiempo.

¿QUIÉN SE SIENTA A LA MESA?

Yo (Daniel) crecí rodeado de muchas pasiones. Desde pequeño, el deporte fue una de ellas, en especial el baloncesto. Al mismo tiempo, la música me atrapó y me encontré explorando varios instrumentos, aunque la guitarra siempre tuvo un lugar especial en mi vida. Me di cuenta de que tenía muchas opciones y, lo curioso, es que se me daban bien tanto los deportes como la música.

En una de mis primeras aventuras como emprendedor decidí vender instrumentos musicales. Durante un par de años, mi casa se convirtió en una pequeña tienda: tenía violines, saxofones, guitarras, bajos y más. Y, como me encantaba la música, pasaba horas tocando lo que tuviera enfrente. Recuerdo haber sacado melodías en el saxofón sin saber exactamente qué notas estaba tocando, pero lograba que sonara igual a la canción que quería interpretar. Fue en ese momento cuando entendí algo clave: en la vida tenemos muchísimas opciones —qué aprender, qué hacer, con quién compartir— pero si no somos intencionales en nuestras decisiones, podemos ser buenos en varias cosas, pero excelentes en muy pocas. Con el tiempo, aprendí que la intencionalidad es un factor determinante para lograr algo trascendental, algo que vaya más allá de nosotros mismos. Un estudio menciona que si dedicas tan solo 30 minutos al día en aprender algo, en siete años te convertirás en un experto. Pero esto no sucede por arte de magia, se necesita intención y disciplina diaria para lograrlo.

Todo esto lo menciono porque la intencionalidad es clave en la crianza de nuestros hijos. ¿Qué mejor inversión que nuestra propia familia? Al final del día, cuando seamos mayores y estemos rodeados de personas en nuestra mesa, ¿quiénes queremos que estén ahí? Yo quiero que sean mis hijos, pero no llegarán por casualidad. Desarrollar una relación fuerte y saludable con ellos requiere *tiempo, esfuerzo y decisión*. No basta con depender del lazo de sangre, hay que construir una relación basada en la confianza y el amor genuino.

¿CÓMO ES UN PADRE O UNA MADRE INTENCIONAL?

1. **¡Un padre o una madre intencional aprovecha el día!**

   El tiempo es sin duda uno de los regalos más valiosos que podemos ofrecer a nuestros hijos. Es un recurso precioso que nunca podremos recuperar. Si deseas ser un padre o una madre intencional debes reconocer que el tiempo con tus hijos no tiene precio y es limitado; por lo que existe un impacto duradero en la manera en que decidas emplearlo.

2. **Un padre o una madre intencional valora la relación por encima de todo.**

   ¡La vida es muy ocupada! A medida que nuestros hijos crecen, sus vidas también se llenan de actividades, eventos y responsabilidades. Si no tenemos cuidado, pueden pasar días sin que exista una conexión genuina entre padres e hijos. Cuando estás con ellos, ¿en qué enfocas tu mente? ¿Dirían tus hijos que les estás prestando atención? Encuentra oportunidades para tener tiempo individual con cada uno. Escúchalos mientras hablan. Aprende a ser real y vulnerable con ellos.

3. **Un padre o una madre intencional no rehúye la instrucción.**

   La enseñanza es un componente crucial de la crianza intencional. En Deuteronomio 6:6-7, cuando Moisés instruyó a los israelitas a enseñar la sabiduría de Dios a la próxima generación, reconoció la importancia de ser intencional. Él dijo: "Y estas palabras que yo te mando hoy, estarán sobre tu corazón. Las enseñarás diligentemente (*intencionalmente*) a tus hijos, y hablarás de ellas cuando te sientes en tu casa, y cuando andes por el camino, cuando te acuestes, y cuando te levantes" (NBLA). ¿Qué rasgos o habilidades estás modelando para tus hijos? ¿Qué quieres que sepan para la siguiente etapa de su desarrollo? Busca los pequeños momentos de enseñanza todos los días. También planifica tiempos especiales dedicados a trabajar en algunos objetivos más grandes.

4. **Los padres y las madres intencionales son receptivos e involucrados, demuestran autoridad mientras apoyan la autonomía.**

   Un hogar con padres intencionales tiene reglas consistentes y predecibles, pero esas cosas se construyen a partir del amor y el respeto. Afortunadamente, la buena crianza de los hijos no exige la perfección, aunque sí requiere que seamos deliberados.

Proverbios 21:5 dice: "Los planes del diligente ciertamente conducen a la abundancia, pero todo el que se apresura llega a la pobreza". Decidamos hoy ser padres y madres diligentes e intencionales. Pongamos fin a las prisas y a permitir que el tiempo limitado que tenemos con nuestros hijos se nos pase volando.

FORTALECIENDO LA RELACIÓN CON TUS HIJOS

Puede que leas esto y pienses que todo suena genial, pero no estés muy seguro por dónde empezar. Te compartiremos algunos puntos cruciales, a modo de ejemplos prácticos, que nos ayudan a aplicar la intencionalidad en nuestra vida y así seguir tejiendo la trama familiar.

1. **Cuidamos nuestro matrimonio.**

   Como pareja casada, nos aseguramos de tener tiempo juntos, solo los dos. Si estás leyendo este libro, es muy probable que tengas hijos. Y si tienes hijos, sabes que no hay mucho tiempo para otra cosa. Parece que nunca hay suficientes horas en el día. Dependiendo de la edad que tengan, a veces llegas al final de la jornada y te das cuenta de que ni siquiera tuviste tiempo para ducharte. ¡Hemos pasado por esa etapa! Si eres padre o madre soltero, este punto no aplica de la misma manera para ti, pero si estás casado y crías a tus hijos junto a tu cónyuge, ¡tu matrimonio es la base de tu familia! Debes dedicar tiempo a la relación que tienes con tu esposo o esposa: ¡tu familia y tus hijos dependen de ello! Cuando Michelle, nuestra hija mayor, era bebé, decidimos que teníamos que ser intencionales en pasar tiempo en pareja e invertir en nuestro vínculo. Apartamos nuestra "noche de cita" y la convertimos en una prioridad. Michelle todavía tiene recuerdos de sus primeras niñeras que venían a casa para que Papi y Mami pudieran salir a cenar, ver una película o dar un largo paseo. No era una opción; fue una decisión deliberada e intencional, pues sabíamos que teníamos que seguir dedicando tiempo de calidad a nuestra relación. No podíamos permitirnos no hacerlo. ¡No puedes permitirte no hacerlo! Cada etapa de la vida es diferente y ambos hemos tenido que ajustar nuestras agendas a lo largo de los años. A veces las noches de cita podían ser todas las semanas, a veces cada dos semanas. A veces había dinero para cenar fuera, a veces no, así que caminábamos. Y hablábamos. A veces, nuestras conversaciones se alimentaban de recuerdos del pasado y sueños para el futuro. A veces, charlábamos de la vida simplemente. De nosotros. En muchas ocasiones, nuestras charlas se centraban en los niños y en cómo ser mejores padres. Juntos. Durante los últimos tres años, nuestras noches de citas se han convertido en desayunos. El cuándo y el cómo no son lo importante. La intencionalidad es convertirlo en una prioridad y mantenerlo en la agenda. ¡Pase lo que pase!

Si eres padre o madre soltero, tal vez puedes compartir este tiempo con un amigo, familiar o mentor. Tal vez sea un espacio dedicado a cuidarte o simplemente disfrutar de un pasatiempo. ¡Serás una mejor persona gracias a ello!

2. **Tratamos el tiempo en familia como algo sagrado.**

Además de pasar tiempo juntos como pareja, siempre nos hemos asegurado de que haya un tiempo en familia programado en nuestras locas y ocupadas vidas. Este tiempo también es algo que siempre se ve diferente, que se ajusta a las estaciones de la vida. Cuando los niños eran más pequeños, se veía como una salida al zoológico, o una visita a nuestra heladería favorita, o paseos semanales a un parque del vecindario. A medida que los niños han ido creciendo, a veces se manifiesta como una comida en uno de nuestros restaurantes preferidos, una noche de juegos de mesa o una película en casa con palomitas. Siempre desayunamos o cenamos juntos cuando podemos hacerlo. Hablamos y nos reímos alrededor de la mesa. Tus hijos esperarán con ansias este momento en familia. Si lo conviertes en una prioridad para ti, se volverá una prioridad para ellos.

3. **Pasamos tiempo individual con nuestros hijos.**

Desde que los niños eran pequeños, nos hemos propuesto convivir con cada uno de ellos por separado. Las citas con Papi son momentos en los que Daniel sale únicamente con Michelle, con Samy o con Julián. Las citas con mamá son el tiempo que paso yo con cada uno de mis hijos. Son momentos especiales en los que puedo darles toda mi atención. ¡Sin distracciones! Nos encanta cómo esto nos permite conocerlos a un nivel más profundo. Al igual que con estos ejemplos, tu propia experiencia se verá diferente con el paso de los años. No se trata de la cantidad de dinero que puedas gastar, se trata de la cantidad de tiempo que puedes caminar de la mano con tu hijo, mirarlo a los ojos y escucharlo mientras te cuenta sobre la escuela y los amigos. Se trata de reír juntos y escuchar su música favorita en el auto. Se trata de compartir en silencio, llenando su tanque de amor con la seguridad de que estás ahí —de que te importa. En esta etapa de la vida, nosotros ya no tenemos niños pequeños, pero aun así hacemos de esto una prioridad. Una vez más, la actividad es la parte divertida, ¡la profundización de su relación es la meta!

4. **Escuchamos.**

Algo que leímos cuando Michelle era pequeña nos marcó para siempre y lo pusimos en práctica de inmediato. No recordamos la fuente, pero aquí hay una versión parafraseada del consejo: *Si quieres que tus hijos te hablen cuando tengan dieciséis años, debes comenzar a escucharlos con atención cuando tengan cinco.* La idea era que muchos padres se preguntan por qué sus hijos preadolescentes, adolescentes y adultos jóvenes no les hablan. (Agregaríamos que esto aplica incluso en las relaciones con los hijos adultos). El autor explicó que, como padres, debemos crear un espacio seguro para que se abran desde que son muy pequeños. En lugar de apresurarlos a dormir por la noche, siéntate al borde de su cama y permíteles que te cuenten todo sobre su día, sin interrupciones. La hora de dormir es importante, ¡pero la relación padre-hijo lo es más! La mayoría de las noches como padres de niños pequeños estamos tan cansados al final del día que la hora de dormir no puede llegar lo suficientemente pronto. Nos mantenemos al lado de nuestros hijos apurándolos a que se pongan su pijama y se cepillen los dientes. Les contamos un cuento o una oración rápida y luego les recordamos que no se levanten de la cama hasta la mañana. Leer y orar con nuestros hijos antes de dormir es importante y no debe eliminarse, pero trata de agregar cinco a diez minutos para escucharlos. Esto no solo tiene que pasar a la hora de dormir. Hace unos días, yo (Daniel) hablaba con mi hijo Samy sobre la importancia de los espacios privados en la familia. Le recordé que su cuarto es su lugar personal, y por eso he aprendido a ser intencional en subir, sentarme en su cama y platicar sobre lo que le interesa. Es un ejercicio simple, pero poderoso. Al entrar en su espacio, le demuestro que me importa lo que piensa y siente. Esos momentos fortalecen la conexión entre nosotros y crean lazos que perduran. Las historias y aquello que nuestros hijos nos

> SI QUIERES QUE TUS HIJOS TE HABLEN CUANDO TENGAN DIECISÉIS AÑOS, DEBES COMENZAR A ESCUCHARLOS CON ATENCIÓN CUANDO TENGAN CINCO.

cuentan en esos instantes son para ellos los sucesos más importantes de su día. Aunque quizá no tengan relevancia puntual para ti, ¡asegúrate de que sepan que a ti también te importa! Si escuchas atentamente y sin distraerte ni juzgarlos, seguirán hablando a medida que crezcan; será fácil y natural para ellos.

5. **Encontramos intereses en común.**

Una de nuestras responsabilidades como padres es exponer a nuestros hijos a un mundo lleno de posibilidades y guiarlos para que descubran qué les gusta. Si a tu hijo le gusta el fútbol, aprende sobre las reglas, elige un equipo favorito con él, vean partidos juntos y hablen sobre jugadores y estrategias. Si a tu hija le apasiona el baile, ¿por qué no aprender unos pasos de salsa con ella? Las relaciones sólidas se construyen sobre intereses compartidos y, como padres, tenemos la oportunidad de sumarnos a sus pasiones, incluso si esto implica hacer cosas que nunca imaginamos. Lo más sencillo es asumir que les gustará lo que a nosotros y exponerlos exclusivamente a nuestros hobbies. Eso también es bueno, pero no a costa de que sientan que no nos importan sus pasiones.

6. **Los incluimos en nuestros proyectos y sueños.**

Queremos que nuestros hijos crezcan sabiendo que son parte de una unidad familiar y no sintiéndose como una extensión fuera de lugar. Daniel y yo no somos únicamente quienes sembramos iglesias, más bien somos toda una familia sembradora de iglesias. Daniel y yo no somos nada más dueños de negocios, sino que somos en conjunto una familia emprendedora. Hablamos con nuestros hijos sobre los proyectos en los que estamos trabajando. Les contamos nuestras historias. Les pedimos que oren por nosotros cuando viajamos y les enviamos videos y actualizaciones de lo que hacemos. Si es posible, ¡los llevamos con nosotros! Tenemos reuniones familiares y hablamos sobre la visión, la misión, las metas y las estrategias. No somos nada más individuos que comparten un hogar, cada uno está involucrado en la vida de los demás y encontramos formas de entrelazar nuestros dones y actividades. ¡Somos una familia que *juntos* ama a Dios y ama a las personas!

ATAJOS FATALES

Tomar atajos puede ahorrar tiempo, pero también puede ser peligroso. Muchas veces, un atajo nos lleva más rápido al destino, pero el camino puede ser estrecho y riesgoso. Piénsalo en la crianza: cuando nuestros hijos lloran o se quejan por algo, es fácil darles lo que piden solo para que se callen. En el momento, parece una solución efectiva, pero a la larga, puede no ser la mejor estrategia. Un ejemplo claro es el uso de pantallas. Hemos visto familias sentadas en un restaurante, los padres conversando mientras los niños, de 5 ó 6 años (o incluso más pequeños), están absortos en YouTube con el volumen al máximo. No estamos diciendo que esté mal ver videos, pero cuando las pantallas se convierten en un atajo para evitar educar y guiar a nuestros hijos, hay un problema.

Nuestra tarea como padres no es simplemente entretenerlos, sino instruirlos y enseñarles el comportamiento adecuado. No es fácil, y no hay fórmulas mágicas, pero cada decisión intencional que tomemos en su crianza dejará una marca duradera.

Queremos hacer una pausa aquí para recordarte algo importante: *criar hijos no es fácil*. Es un trabajo arduo y constante. Pero si estás leyendo esto, es porque te importa y quieres mejorar como padre o madre. No estás solo. Estamos juntos aprendiendo y creciendo. Oramos para que estas historias te den una perspectiva fresca y te inspiren a ver la crianza como un proceso valioso, en lugar de usar atajos que podrían traer consecuencias indeseadas.

LA IMPORTANCIA DE ESTAR EN LA MISMA PÁGINA

Para cerrar este capítulo sobre intencionalidad queremos mencionar algo fundamental: los padres deben concordar en la crianza de sus hijos.

Considéralo, venimos de mundos diferentes. En nuestro caso, Misty creció en Estados Unidos y yo (Daniel) en México. No solo atravesamos crianzas distintas, venimos de culturas diferentes, hablamos distintos idiomas y tenemos perspectivas únicas. Si no contamos con una *visión común* como pareja, esto puede generar confusión y conflicto en la forma en que educamos a nuestros hijos.

Cuando nos casamos, Misty y yo tomamos una decisión clave: rescatar lo mejor de nuestras culturas y experiencias, y dejar fuera lo que no queríamos para nuestra familia. Fue una conversación intencional que tuvimos una sola vez, pero que ha sido la base de muchas decisiones importantes. Esto no significa que siempre hemos estado de acuerdo en todo, pero sí que hemos aprendido a comunicarnos y alinearnos en lo fundamental. Crear un sano ADN familiar nos ha permitido crecer juntos, tomar decisiones con asertividad y liderar a nuestros hijos con un propósito claro.

La crianza de los hijos no se trata de perfección, sino de *presencia y propósito*. Se trata de sembrar *intencionalmente* en sus corazones para que, cuando llegue el día en que se sienten en nuestra mesa, sea porque hemos construido juntos una relación familiar que nadie podrá romper.

2. SEMILLAS DE FE

CRIANDO HIJOS QUE AMAN A DIOS

Darío y Mariel Acosta

Si al leer estas páginas esperas encontrar una fórmula mágica o receta instantánea que te dará los pasos a seguir para criar a un hijo… pierdes tu tiempo.

Una vez escuché que los hijos deberían venir con un manual de instrucciones, pero la realidad es que situaciones e hijos con personalidades diferentes, requieren tratos y enfoques distintos.

Nosotros somos Mariel y Darío Acosta, llevamos 31 años de casados y tenemos tres hermosos hijos; nuestra primera hija, Sol, nació después de cinco años de matrimonio. Seis años después de Sol llegó nuestro hijo Juan Manuel y esto coincidió con la fundación de nuestra iglesia. Ambos nacieron conociendo a Dios como parte integral de nuestra vida y familia; y asistieron a la iglesia desde literalmente una semana después de nacer, es por esa razón que resulta inevitable que sientan a la iglesia como parte de ellos.

Creíamos que nuestra familia estaba completa: mamá, papá, hijo e hija; pero todavía quedaba una sorpresa más. Jazmín nació en último lugar, con cuatro años de diferencia de su hermano y diez de su hermana, revolucionando nuestras ya acomodadas vidas; pues medianamente cada uno tenía su independencia y podíamos funcionar sin presiones ni inconvenientes. Además, no es lo mismo pedirles a los abuelos que te ayuden a cuidar a dos hijos, que a tres. Esta bebé cambió todo y tuvimos que rediseñar nuestras actividades diarias. Si bien los tres fueron gestados por los mismos padres, son individuos diferentes con sus propias particularidades y características únicas: Sol le hizo honor a su nombre, es una persona cálida y sonriente que alegra el ambiente en donde esté. Juan Manuel es simpático, gracioso, sociable, le encanta estar con amigos y hacer reír a los demás; y Jazmín es un terremoto: hermosa, inquieta, alegre y explosiva. No pasa desapercibida. La relación entre los tres es tan especial... no cabe duda de que el amor fraternal es un regalo.

Les contamos que somos papás "bivocacionales", ya que ambos trabajamos en el Congreso de la Nación desarrollando tareas contables, pero también somos pastores de una iglesia que denominamos El Centro, a la vez que presidimos una fundación especializada en la atención y ayuda a familias carenciadas, hogares con violencia familiar, y adicciones.

Por esa razón, tuvimos que esforzarnos para organizar nuestro tiempo de calidad en familia y establecer prioridades sobre la necesidad de compartir con nuestros hijos. No fue una tarea fácil, pero con planificación y orden pudimos lograrlo. Gracias a Dios cada año tuvimos la posibilidad de vacacionar y ese tiempo se volvió sagrado, exclusivo, con nuestros hijos. No tienen precio las charlas que se producen en la intimidad, donde nadie nos escucha aparte de nosotros cinco, sin juicios, en un espacio en el cual todos pueden expresar lo que sienten y reír a carcajadas, lo mismo que jugar o simplemente estar juntos.

Otra meta que nos propusimos fue ser intencionales en la crianza de nuestros hijos, afirmando su identidad, satisfaciendo sus necesidades más profundas, contribuyendo al desarrollo de su salud emocional y potenciando sus habilidades, ya que como papás somos los responsables de influenciarlos.

Uno de los temas que más conversábamos en nuestro noviazgo, era que no nos gustaban los modelos de familias pastorales que teníamos alrededor. Por lo general éramos amigos de los hijos de los pastores y se repetían algunos patrones como, por ejemplo: el uso de máscaras para diversas situaciones sociales, dobles vidas, y rebeldía ante los padres y la iglesia como institución. Estos hijos de pastores concebían el ministerio como una carga y que la iglesia no era para disfrutarse. No queríamos eso para nuestra familia; por ende, hasta el día de hoy, los alentamos a tener una vida personal y relacional con Dios.

Nuestro hijo Juan a los catorce años empezó a poner trabas a la hora de ir a la reunión de la iglesia, más los miércoles, con excusas como que estaba cansado o tenía tarea del colegio; y si iba, con desgano, se dormía en la reunión. No importaba si la reunión era interesante o no, sino que él estaba pasando por un proceso interior. Como papás, nos acercamos y le propusimos que, si no quería asistir, no le daríamos problemas; pero, al mismo tiempo, para nosotros era importante que él estuviera y nos acompañara en nuestro ministerio, manteniéndonos así siempre a su lado y orando tanto por él como por esta situación. Recuerdo un día que nos sentamos a hablar más profundamente del tema y él nos manifestó habernos visto sufrir por la iglesia; por la traición de algunos hermanos. Eso le dolió tanto que no quería seguir asistiendo, pero, si era relevante para nosotros, lo haría por obediencia. La verdad fue muy triste escuchar eso y a la vez reconfortante como papás porque, en medio de sus emociones, elegía obedecer por el amor que nos tiene. Sabemos que la obediencia a los padres trae bendición, así que descansamos en el Señor que a su debido tiempo iba a restaurar su relación con nuestro hijo.

Poco después necesitábamos un baterista para las reuniones semanales y quedamos sorprendidos al ver que surgió de Juan tomar ese rol de músico. Se puso a practicar, aprendiendo a través de tutoriales de YouTube, y fue el baterista principal de la iglesia.

En este capítulo vamos a poder ver distintas perspectivas al respecto de cómo criar a nuestros hijos, y en cada una brindaremos herramientas útiles para el bienestar familiar.

DE TAL PALO… TAL ASTILLA

"El justo anda en su integridad; ¿cuán dichosos son sus hijos después de él?" (Proverbios 20:7).

Si bien este capítulo habla de cómo educar en Dios a nuestros hijos, vamos primeramente a charlar sobre los padres, porque es natural que nuestros hijos imiten de nosotros desde formas de hablar hasta posturas corporales y, en definitiva, podemos pasarles una impronta de todas nuestras mañas, errores, pecados familiares; como las apuestas, la bebida, la ociosidad, o una vida envuelta en problemas económicos.

Por lo tanto, antes de encarar la gran decisión de ser padres debemos revisar nuestras vidas sabiendo que una parte de lo que somos la vamos a replicar en nuestros hijos.

En el verso hay una gran tarea para las personas que tengan, o no, una familia a su cargo, y es una cualidad que Dios le pide a todos sus hijos: vivir en justicia e integridad. El mundo necesita personas ecuánimes, equitativas, imparciales y razonables (sobre todo si se trata de justicia), así como de entereza moral. Vale decir que Dios quiere padres enteros, razonables, equitativos; cualidades que vamos a necesitar si queremos no únicamente criar a nuestros hijos, sino hacerlo con sabiduría.

Entonces la pregunta sería: ¿Cuánto de justo e íntegro tengo en mi corazón? De eso depende la dicha y felicidad de mis hijos. La medida de nuestra integridad y justicia será proporcional a la futura dicha y felicidad de nuestros hijos.

Es importante por lo tanto identificar y solucionar hábitos de conducta insanos que nos hayan perjudicado, para que nuestros hijos no repitan ese modelo distorsionado.

Nuestros hijos nos imitan más de lo que suponemos. Nos observan a todas horas, absorbiendo tanto lo positivo como lo negativo.

Qué bueno es saber que podemos construir un camino de dicha y felicidad para ellos, y que así no se vean en la necesidad de comenzar desde la angustia, la soledad y el temor. Contar con un futuro de dicha garantiza que enfrentarán las situaciones de la vida con mejores herramientas, creyendo en sí mismos, y con la posibilidad de repetir ese modelo de justicia e integridad para con los suyos. Creo que en la Biblia están todas las respuestas para

> LA MEDIDA DE NUESTRA INTEGRIDAD Y JUSTICIA SERÁ PROPORCIONAL A LA FUTURA DICHA Y FELICIDAD DE NUESTROS HIJOS.

el hombre, pero también hay "reglas de oro" como este pasaje que no podemos pasar por alto quienes somos padres. Este verso es una promesa de Dios con garantía absoluta: "¡Nuestros hijos serán felices y dichosos, porque he vivido y me he esforzado para cumplir la palabra de Dios!".

PADRE CELESTIAL VS. PADRE TERRENAL

En una ocasión estaba haciendo las compras en un gran supermercado con mi esposa y dos de mis hijos cuando, muy entretenidos, llegamos a la caja para pagar y mi esposa me observó diciendo un poco inquieta… "¿Y Jazmín?", en ese momento la llevábamos en un carrito de bebé, y entonces escuché la segunda pregunta: "¿Y el carrito con Jazmín? Lo llevabas tú". En ese instante me di cuenta de que había olvidado a mi hija en alguna parte del supermercado ¡qué momento! Salí corriendo a buscarla desesperadamente y antes de encontrarla pasaron unos minutos que parecieron una eternidad. Como padre no me alegra contar esta situación, pero cuando encuentro en Lucas 2 que a María y a José se les perdió Jesús, puedo entender su preocupación y desesperación.

Cuenta la historia que cada año los padres de Jesús iban a Jerusalén para el festival de la Pascua; en ese momento Él tenía doce años y, al terminar la fiesta, José y María no se habían percatado de que les faltaba su hijo porque pensaban que estaba con otros viajeros. Al caer la noche su preocupación creció y comenzaron a tratar de encontrarlo por todas partes, regresando incluso a buscarlo a Jerusalén. Tres días después encontraron a Jesús sentado en el Templo con los maestros. Podría decir a mi favor que, si a José y a María se les perdió el Hijo de Dios, ¡a mí también puede pasarme!, pero no se trata de eso.

Lo que pasó después nos deja una formidable enseñanza de vida. Normalmente este pasaje pasa como otros y no le prestamos la atención que se merece. Leamos lo que dice Lucas 2:48-52 y saquemos algunas conclusiones:

> "Sus padres no sabían qué pensar. —Hijo, ¿por qué nos has hecho esto? —le dijo su madre—. Tu padre y yo hemos estado desesperados buscándote por todas partes. —¿Pero por qué tuvieron que buscarme? —les preguntó—. ¿No sabían que tengo que estar en la casa de mi Padre? Pero ellos no entendieron lo que les quiso decir. Luego regresó con sus padres a Nazaret, y vivió en obediencia a ellos. Y su madre guardó todas esas cosas en el corazón. Jesús crecía en sabiduría y en estatura, y en el favor de Dios y de toda la gente" (NTV).

Me encanta poder ver a María más humana, y en el rol de mamá retando al Señor. A veces no entendemos por qué nuestros hijos hacen lo que hacen, y tenemos que estar preparados para lo imprevisto, siempre minimizando los riesgos. El Señor responde de una manera muy especial, como diciendo "¿por qué me buscaron, hacía falta?", una respuesta totalmente propia de un niño quien, siendo tal, quería hacer su voluntad; como todo un preadolescente, quería seguir siendo el centro de atención de los sacerdotes y los maestros de la ley.

Jesús siendo hombre y Dios al mismo tiempo, sabiéndolo todo, les responde a sus padres terrenales como si ellos pudieran entender más allá de lo terrenal. Es verdad, Él tenía que estar en la casa de su Padre, pero en esa etapa especial de preadolescente debía hacerle caso y rendirle cuentas a José y a María. Si el Hijo de Dios se sujetó a Sus padres terrenales con más razón nosotros a los nuestros y nuestros hijos a nosotros. Un hijo solo puede crecer en sabiduría, en favor de Dios, cuando se toma fuerte de la mano de sus padres terrenales para luego obedecer al Padre Celestial. Es un proceso: entrenamos primero la obediencia con los padres que no elegimos para luego obedecer al Padre que nos eligió a nosotros.

No nos rindamos en ir a buscar a nuestros hijos a Jerusalén, debemos hacerlo todas las veces que sea necesario. No los demos por perdidos; si hay que regañarlos hagámoslo sin temor, de eso depende su crecimiento físico y espiritual.

CONECTÁNDONOS CON EL CORAZÓN DE NUESTROS HIJOS

"Uno de los mayores efectos colaterales de la revolución tecnológica ha sido el reemplazo de actividades tradicionales (correr, trepar, simular, hacer, compartir) con un estilo de vida solitario y sedentario basado en una pantalla".

—Sue Palmer, *Toxic Childhood* (Infancia Tóxica).

Establecer objetivos

Antes de intentar conectarnos con nuestros hijos, debemos tener claros los objetivos que queremos para nuestra familia; recordemos que en el capítulo anterior hablamos sobre cómo nos imitan y nos observan, por lo que al conectarnos con ellos debemos hacerlo con propósito y determinación.

Ejemplos de metas para nuestra vida familiar

- Cuando sean adultos nuestros hijos asociarán su crecimiento con:
- Tiempo de diversión en familia.
- Ser escuchados.
- Ser capaces de hablar al enfrentar decisiones difíciles.
- Ser animados.
- Ser valorados por su personalidad y dones singulares.
- Saberse amados.
- Aprender valores importantes como la honestidad, generosidad, respeto, etc.
- Aprender a pensar en los demás.
- Recibir oración por su vida.
- Límites claros para su propia protección.
- Conocer modelos de amabilidad.

¿Qué recuerdos tendrán de nosotros y de su hogar dentro de veinte años?

En todo esto debemos pensar con el fin de evitar conexiones deficientes, así como para saber qué es lo que pretendemos impregnar en ellos.

Una de las conversaciones más recurrentes con mi hijo cuando tenía 9 años era su ilusión de ser tenista profesional y, en el futuro, ganar mucho dinero. Hasta el día de hoy sigue luchando por ese sueño; pero lo más gracioso es que planeaba, con ese dinero, comprar la casa al lado de la nuestra y hacer una puerta para unirlas y, como premio a su papá, comprarme un auto Ferrari color rojo, ¡gracias Señor! Hasta el día de hoy sigo orando para que esto se haga realidad.

La importancia de jugar

"El símbolo lúdico es un paso necesario en el camino para desarrollar la inteligencia adaptada".

—Jean Piaget

Jugar con nuestros hijos es beneficioso en distintos niveles. A la vez que jugamos aprendemos y creamos lazos; sin duda el tiempo de calidad que pasamos juntos no es tiempo perdido. Las relaciones interfamiliares se solidifican a medida que compartimos experiencias. Cualquier actividad que realicemos en conjunto contribuye al fortalecimiento de los vínculos familiares. A medida que promovamos más oportunidades para compartir, mejores beneficios obtendremos. Los momentos que vivimos como familia nos forman para siempre; aportando seguridad a nuestros hijos.

LOS MOMENTOS QUE VIVIMOS COMO FAMILIA NOS FORMAN PARA SIEMPRE; APORTANDO SEGURIDAD A NUESTROS HIJOS.

Jugar con sus padres permite al infante crear recuerdos positivos, lo cual es fundamental para cimentar el apego. Sumado a lo anterior, los niños que juegan con adultos desarrollan mayores competencias sociales a la hora de relacionarse con otros niños, maestros y familiares. Las vivencias positivas adquiridas mediante el juego son transmitidas a otras experiencias. A los niños con estas competencias suele valorárseles como populares en relación con los demás.

Cuando los niños juegan con sus padres deben prestar más atención que de costumbre. Además, lo lúdico es ideal para activarlos e incrementar su capacidad de atención ya que, cuando hay adultos presentes, los niños se autoexigen más en cuanto a concentración, pues necesitan adaptarse a un nuevo planteamiento.

El valor de la risa

La familia debe proporcionar diversión; el valor de la risa es fundamental para el grupo familiar, por lo tanto, es indispensable para la salud interpersonal.

"Nunca te olvides de sonreír porque el día que no sonrías será un día perdido".

—Charles Chaplin

El neurólogo estadounidense William Fry dijo en 1964: "La risa es un verdadero desintoxicante moral capaz de curar o por lo menos atenuar la mayoría de nuestros males. Además, no hay ningún peligro si se supera la dosis".

Otros sostienen que el origen biológico de la risa humana pudo estar en una expresión compartida de alivio tras pasar el peligro; la laxitud que sentimos tras reírnos puede ayudar a inhibir la respuesta agresiva, convirtiendo la risa en un signo de conducta que indica confianza en los compañeros. En cualquier caso, existen investigaciones recientes realizadas, tanto en orangutanes como en chimpancés, que sugieren que estos son capaces de reírse, con lo cual la risa sería de origen evolutivo y genético.

Se produce cuando un estímulo, interno o externo, es procesado en áreas primarias, secundarias y de asociación multimodal del sistema nervioso central. El procesamiento de las emociones se realiza en el sistema límbico, el cual es probablemente responsable de los potenciales motores que caracterizan a la risa, incluyendo la expresión facial y los movimientos de los músculos que controlan la ventilación y la fonación. Una vez procesado el estímulo, además de los actos motores automáticos mencionados, se lleva a cabo una activación autonómica generalizada, la cual tiene salida por diversas vías, entre las que se encuentran el eje hipotálamo-hipófisis y el sistema nervioso autónomo. Todos estos componentes conforman la emoción, proceso que involucra, cuando se trata de alegría, el acto motor llamado risa.

Criar hijos que amen a Dios no es el resultado de una fórmula perfecta, sino de una entrega diaria, llena de gracia. Se trata de modelar con nuestra vida aquello que queremos ver reflejado en ellos: amor, fe, integridad y esperanza. Habrá días difíciles y momentos en los que parezca que todo esfuerzo es en vano, pero también habrá frutos visibles: sonrisas sinceras, abrazos inesperados y pasos firmes hacia un propósito eterno. Al final, nuestro anhelo es formar hijos que caminen con Dios y dejen huella de su amor en el mundo. Ese será siempre nuestro mayor legado.

3. EL AMOR EMPIEZA EN CASA

CRIANDO HIJOS QUE AMAN A LA FAMILIA

Naty Grillo

EL PODER DE UNA VISIÓN

"Y nosotros hemos conocido y creído el amor que Dios tiene para con nosotros. Dios es amor, y el que permanece en el amor permanece en Dios y Dios en él".

—1 Juan 4:16

De cara a la anunciada profecía, aquella tarde de otoño se planteaba calurosa y soleada. Los viejos bancos de madera de la iglesia bautista se cubrían con los últimos rayos de sol cayendo en el parque. Las personas sonreían y hablaban, hasta que la música de Steven Curtis Chapman irrumpió con un saxo soprano que anunciaba la entrada de la novia. No era la culminación de un sueño, era el comienzo de una gran historia.

¡Nuestro casamiento fue de locos! Desafiamos las formas, el lugar y los tiempos que la tradición familiar dictaminaban. Planeamos casarnos (y lo hicimos) después de apenas nueve meses de noviazgo. Ambos teníamos un objetivo en mente: formar una familia que ame y sirva a Dios. Convencidos de que en esta declaración estaba el secreto de nuestra felicidad, nunca nos imaginamos que esta visión sería la que nos proporcionaría sostén y enfoque en tantos momentos oscuros de la ruta que emprendimos aquel once de mayo de 1996...

Tal vez el sentido de familia que ama y sirve a Dios tuvo su germen mucho antes de casarnos. Cada uno de nosotros habíamos experimentado en primera persona el amor y llamado de Dios en nuestras vidas. Ambos teníamos el privilegio de conocer a Dios como padre y a la iglesia como familia de fe. Esta figura sublime y eterna, se levantó poderosa incluso sobre nuestras propias experiencias terrenales.

Fer venía de familia cristiana, ejemplar y modelo para muchos. Yo (Naty) en cambio, todo lo contrario. Un culebrón mexicano tiene menos divorcios, engaños y peleas que mi familia. Incluso con todo este bagaje, la propuesta de Dios siempre es más excelente.

"Reedificarán las ruinas antiguas, y levantarán los asolamientos primeros, y restaurarán las ciudades arruinadas, los escombros de muchas generaciones". Con este versículo de Isaías 61:4 cerró su sermón el pastor que dio el mensaje en nuestra boda. Creo que, en ese momento de tanta felicidad, no dimensionamos el poder profético de estas palabras. Sin embargo, fueron un ancla de seguridad para nuestras almas cuando nos dimos cuenta de que ambos éramos "piedras quemadas".

Los criterios ejemplares sostenidos en la religiosidad de las formas se desvanecieron en el fragor de la batalla que implicó "ser familia". Entonces decidimos "entresacar lo precioso de lo vil" de ambas historias, y edificar la nuestra, con la esencia y el perfume que Dios había derramado sobre nuestras vidas. En otras palabras, tuvimos que desaprender para aprender a vivir nuestro propio proyecto y llamado de familia.

Amar la familia es decidirnos por ella cada día. Es sostener el *porqué* por encima del cómo.

La tarea de ser padres no es fácil, y nos equivocamos mucho. Pero hubo una gracia que nos sostuvo y levantó en cada tropiezo. *La visión* nos mantuvo unidos en momentos de desacuerdo. Nos proporcionó seguridad en medio de muchas incertidumbres. Aprendimos a ser padres a medida que tuvimos hijos. Dicen que es la única profesión donde primero te dan el título y después cursas la carrera. Y es tal cual. Seguimos aprendiendo.

CONOCER LA HISTORIA

La visión nos dio destino, pero conocer nuestras historias nos permitió ir trazando la ruta.

Cuando iniciamos nuestra familia sabíamos que había mucho más que el deseo de dos jóvenes enamorados. Teníamos la convicción de que el desafío llevaba implícito un propósito. Esta visión se volvió el destino de nuestro recorrido, y caminamos hacia él cada día. Pero como en un viaje de peregrinos, tuvimos que elegir y decidir cuál iba a ser nuestro equipaje.

Las historias familiares son un bagaje que cargamos en el alma, en nuestros modos de hablar, comer, disfrutar, enojarnos... Suelen ser tesoros y a la vez cargas pesadas que a veces ni siquiera percibimos conscientemente. Nos atraviesan y condicionan, y es casi imposible escapar de ellas, aunque podemos transformarlas si nos atrevemos a conocerlas; pues no se puede sanar lo que no se conoce, y no se puede disfrutar lo que se ignora.

Hacernos cargo de nuestro pasado nos permitió tomar decisiones a futuro. Nos volvió responsables y administradores de aquello que deseábamos perpetuar, así como de aquello de nuestras familias de origen que buscábamos no repetir. Identificamos valores y costumbres que elegimos para continuar tejiendo la trama, y profundizamos en lo que no deseábamos reiterar dentro de nuestro nuevo diseño de familia.

Aprendimos a amar nuestras historias, a honrar su memoria, y entenderlas desde una zona de gracia.

No existen las familias perfectas y nosotros no somos la excepción. Cometemos errores, tenemos fracasos, logros, aprendizajes, todo parte de un mismo tejido.

En este proceso de desaprender para aprender, de sanar para no repetir y de abrazar para mejorar, crecieron nuestros hijos. Ellos nos vieron cortar con patrones tóxicos de crianza y honrar la vida de nuestros padres; así como perdonar y callar por amor. Fueron testigos y protagonistas de una familia imperfecta, que abraza su historia como posibilidad de cambio y de testimonio.

Conocernos nos permite amarnos.

NO EXISTEN LAS FAMILIAS PERFECTAS Y NOSOTROS NO SOMOS LA EXCEPCIÓN.

Las historias de familia son catalizadores de sueños. Nos hacen comprendernos mejor, mantienen vivo el recuerdo de los que ya no están y nos tienden hilos para continuar enhebrando la trama.

En una sociedad que descarta, que es víctima de la inmediatez, que sufre ansiedad por exceso de futuro, conocer nuestra historia puede ser una pausa en el camino que nos permita continuar avanzando con más fuerza; ya sea porque soltamos cargas o porque nos equipamos de experiencias.

Es así como, más allá de ser testigos vivenciales, somos intencionales en contarles a nuestros hijos acerca de nuestros antepasados, sus historias, costumbres y refranes; en los que cada expresión es un tinte que aporta rasgos únicos a nuestra trama.

TIEMPO DE CALIDAD

En su libro "De que te arrepentirás antes de morir", Bronnie Ware hace honor al título y recupera los cinco motivos más comunes por los cuales las personas se arrepienten antes de fallecer. Entre ellos está el no haber pasado más tiempo en familia.

El tiempo es mucho más que la tiranía del reloj, es una oportunidad para entender nuestros ritmos.

Durante la crianza de nuestros hijos pequeños, mantuvimos un ritmo de vida "a contra reloj". Las demandas laborales, las exigencias sociales y la presión religiosa, nos mantuvieron durante años en una dinámica de activismo que consumió nuestras fuerzas y diezmó nuestras memorias.

Hoy de adultos, al ver las fotos de nuestros bebés, muchas veces lloramos por no haber podido aprovechar más las horas con ellos.

La falta de rutina, y el excesivo tiempo fuera de casa, fue algo con lo que luchamos en alma y cuerpo. Fue motivo de discusiones entre Fer y yo, pues ambos veníamos de culturas y formaciones muy distintas. Vivíamos en una tensión constante y, si bien ésta fue necesaria para llegar más lejos, en nuestra experiencia también provocó rasgaduras considerables.

Ambos somos profesionales, pero al nacer nuestro segundo hijo, decidimos "tener menos y estar más". Esta decisión respecto a lo laboral, implicó que yo dejara mi trabajo de maestra por un período de ocho años y, aunque los ingresos económicos disminuyeron, fue clave estar en casa los primeros años de vida de los niños. Lo cierto es que, a pesar de haber tomado esta sabia decisión respecto a lo laboral, el servicio en la iglesia se incrementó y ocupó rápidamente el tiempo resignado en el ámbito del trabajo formal.

Pronto la ansiedad comenzó a resonar en mi cuerpo como una alarma constante, alertando sobre el peligro inminente de alcanzar el punto de quiebre. Maru, nuestra hija mayor, fue diagnosticada con epilepsia benigna de la infancia, una "desregulación" en su cerebro. Bruno, tenía a menudo episodios alérgicos, su cuerpo reaccionaba con brotes en la piel e inflamación en los bronquios, lo cual provocaba que no pudiera ingresar bien el aire a sus pulmones. Jero fue un niño muy sano, apacible, pero a medida que se fueron incrementando las actividades y las exigencias escolares su conducta comenzó a cambiar notablemente: él era diferente en la escuela, manifestando problemas en su conducta. Disfrutaba de estar cómodo en casa, en pijamas y pantuflas, pero cambiaba cuando había que "salir rápido" a alguna actividad fuera del hogar que, de alguna manera, alteraba su ritmo.

No fue hasta que enfermamos que reconocimos la necesidad de un cambio. Claro que esto no fue mágico, ni de un día para otro, nos llevó años modificar estos patrones; pero gracias a que Dios nunca llega tarde, tuvimos la posibilidad de transformar esta dinámica familiar, permitiéndonos ser más balanceados a la hora de administrar nuestros días.

Aún con todos estos errores y en medio de tantas batallas, aprendimos a "entresacar lo precioso de lo vil", y encontramos en la *calidad* de nuestro tiempo juntos el valor que salvaría nuestro vínculo.

Nuestros hijos estaban expuestos a un ritmo acelerado, pero los volvimos parte de cada una de nuestras locuras. Les hacíamos saber el *porqué* de lo que hacíamos, especialmente en nuestro servicio a la iglesia. Los involucramos y llevamos a cada campamento de jóvenes que lideramos, a cada reunión de adolescentes donde ministramos, con cada persona que venía a la casa por una consejería. Los cargamos mientras orábamos y estuvieron en cada ensayo de alabanza. Fue así como, a pesar de los ritmos poco saludables de sus horarios, el tiempo juntos fue en su mayoría de calidad. Estuvieron expuestos al servicio, las oraciones y la música. Aprendieron un liderazgo modelado desde la experiencia. Nos vieron amar a Dios y a las personas y, de alguna manera, lo esencial fue el antídoto para tanto desorden.

Claro que de ninguna forma espiritualizamos los errores o hacemos apología del caos, pero ¡Dios fue bueno! Y en su misericordia nos permitió otorgarles calidad a nuestros encuentros y ser cada vez más intencionales en apartar tiempo para compartir juntos.

Aprendimos a cantar reunidos mientras preparábamos la cena. A dibujar o pintar con acuarelas mientras papá escribía un sermón. A compartir largas sobremesas y a no subestimar los efectos de dormir la siesta en familia.

Hoy, después de veintiocho años de ser padres, seguimos aprendiendo a dejar el teléfono y mirarlos a los ojos cuando nos hablan; seguimos disfrutando de cantar juntos, de jugar juegos de mesa, de hacer caminatas y reunirnos a una cena familiar (incluso con los casados) para ver el estreno de alguna serie taquillera.

La calidad del tiempo que compartimos no se mide por su cuantía, sino por la naturaleza del encuentro. Diez minutos de tirarte al piso con tu hijito a jugar con sus autos puede significar mucho más que un viaje sofisticado o un armario lleno de prendas de marca.

Bailar de forma ridícula con tu hija adolescente o escuchar los dramas con sus amigas puede implicar solo una hora de tu semana, y es posible que reste muchas otras de terapia. En definitiva, estaremos aprendiendo a reír y a llorar juntas…

Conversar con tu hijo de su banda favorita, incluso cuando no esté ni cerca de tu estilo musical, puede establecer ese punto de encuentro que le otorgue la confianza suficiente para que luego te cuente un problema con su novia o un pecado con el que está luchando.

LA CALIDAD DEL TIEMPO QUE COMPARTIMOS NO SE MIDE POR SU CUANTÍA, SINO POR LA NATURALEZA DEL ENCUENTRO.

El tiempo de calidad con nuestros hijos se convirtió en un espacio sagrado. Aprendimos en este recorrido a decir que no a muchos compromisos y a poner a las personas por sobre los programas.

El tiempo de calidad es sin duda uno de los hilos más fuertes en el tejido de nuestros vínculos, y una de las acciones más concretas con las que expresamos el amor en familia.

RITUALES

Más allá de no haber sido una familia muy organizada y metódica, a lo largo de los años descubrimos una serie de acciones que repetimos sistemáticamente y que fueron tomando entidad entre nosotros. Estas actividades se fueron transformando en una especie de rituales, donde combinamos gestos, palabras, acciones y objetos, de una forma amorosa y divertida. Lejos de ser una exigencia o un deber, cada actividad se transformó en algo esperado y disfrutado por los niños y nosotros. Los rituales de familia nos permitieron conservar la frescura y rescatar la esencia en medio de temporadas difíciles rigidizadas por la religiosidad y la exigencia de ser "una familia ejemplar".

No son muchos, ¡pero son nuestros! Tal vez con el paso de los años, algunos vayan mutando o se sumen otros. La intención es perpetuar el encuentro, crear memorias, conservar la esencia.

"Viernes de chatarra"

Un tiempo al final de la semana donde reservamos la noche para comer juntos comida procesada, de bajos nutrientes y alta en grasas, beber gaseosas, disfrutar de alguna golosina y mirar una película o jugar un juego de mesa en familia.

A pesar de los ritmos alocados de la semana, la alimentación variada en frutas, verduras, proteínas y granos fue una prioridad en el menú del hogar. Solo estaba permitida "la comida chatarra" conocida también como "basura" en este momento puntual de los viernes.

También les permitíamos comer en la sala, relajados y sin muchos formalismos.

Comer juntos alrededor de la mesa cada día era un ritual camuflado de rutina, pero sagrado, y que solo podíamos transgredir los "viernes de chatarra".

Sin dudas este ritual divertido fue una manera amorosa de poner límites a una alimentación desmedida en procesados y, a la vez, mantener una cultura de honra a la mesa familiar de cada día como un espacio irrenunciable de encuentro que, hasta hoy, sigue siendo nuestro mejor plan.

"El volcán"

Nada más esperado por todos en vacaciones que hacer el volcán de arena en la playa al caer la tarde. Los niños pasaban horas armando la montaña que luego ahuecaban con la ayuda minuciosa de Fer, convirtiéndola en un increíble volcán. Al final de la travesía, los chicos recorrían la playa juntando ramas, papeles y cualquier elemento inflamable para lo que sería la fogata dentro de la montaña. Esto era tarea específica de Fer por el riesgo que implicaba, pero, a medida que pasaron los años, la diversión estuvo también en poder encender el fuego. Una vez lograda la fogata en el interior de la montaña de arena, todos disfrutábamos ver humear el volcán, que rápidamente se convertía en la atracción de toda la playa.

Cada año los niños esperaban construir el volcán. Cuando fueron creciendo, buscaban la excusa de la cercanía de algún otro niño para entretenerlo, pero, en realidad, estábamos cumpliendo con nuestro ritual de familia. Aunque hace pocos años dejamos de hacerlo, está latente en la memoria para ser reactivado cuando lleguen los nietos.

"El pollo de Navidad"

Está comprobado científicamente que la huella olfativa es la más fuerte. Los aromas que percibimos a lo largo de nuestra vida pueden quedar impregnados creando memorias indelebles. En casa de los Grillo la comida es algo muy importante, ¡cuánto más en Navidad! Casi sin quererlo, pero con la intencionalidad de perpetuarlo, el pollo agridulce se convirtió en un ritual festivo que se hace exclusivamente una vez al año. El mensaje al cerebro es el siguiente: ¡estamos de fiesta! Alégrate, recibirás regalos, estarás con los que amas y valoras. Y así creamos alrededor de esta práctica la costumbre de poner una mesa especial cuando alguien debe ser honrado. ¡En Navidad es Jesús! Pero ocurre que ha quedado como distintivo de nuestra esencia que huela rico al honrar a otro con una comida casera.

"Desayuno de consagración"

Lo he dejado para el final, ¡pero es mi preferido! Siento que nos reúne en un momento único y sagrado para nuestra familia.

Cada enero, tomamos una mañana para, alrededor de un desayuno especial, consagrar el año a Dios. Es un momento en el cual evaluamos el año anterior, planteamos nuevas metas y compartimos una palabra específica que guiará en fe nuestro nuevo año.

Cuando los niños eran muy pequeños, y ni siquiera escribían, les enseñamos con nuestro ejemplo: los hacíamos parte igual de esta dinámica espiritual, y les facilitábamos la posibilidad de precisar de alguna manera lo que sentían hablando o dibujando.

Con el paso del tiempo, esta práctica se convirtió en un ritual al que se sumaron nuestra nuera y nuestro yerno. Lo más hermoso fue que nuestra práctica trascendió y hoy otras familias de la iglesia también lo realizan.

"Los vínculos no se establecen en el vacío".

—Ruth Harf

Es necesario crear espacios de fe, propuestas nutritivas para el alma, posibilitar la expresión. Darle un marco flexible y a la vez seguro para que, en los ritmos propios de cada uno, vayamos tejiendo la trama.

Tenemos experiencias hermosas de cómo una palabra pronunciada en fe puede sostenerte todo el año. Recuerdo enero de 2020, cuando alrededor de nuestra mesa, durante un desayuno de consagración, declaramos el desafío de ser "casa templo". Ese mismo año, en marzo, cortaron toda posibilidad de reunión debido a la pandemia, y nuestra casa abrazó aquella palabra de ser templo. Esto no solo permitió a nuestra familia mantenerse unida y enfocada, sino que dio luz a muchas almas que se sumaron a la iglesia.

El juego, la comida, las palabras, no son un fin por sí mismos. Tienen el potencial de convertirse en anclas cerebrales poderosas para perpetuar valores como que nuestros hijos amen la familia.

PRINCIPIOS DE AUTORIDAD

Tanto Fer como yo fuimos criados en un contexto histórico, político y social donde las personas que pensaban diferente eran silenciadas y catalogadas como rebeldes. La iglesia no escapó a este paradigma y, a pesar de que, cuando fuimos padres, ya hacía mucho habíamos sido libres de la dictadura a nivel gobierno, seguíamos condicionados por creencias que sesgaban nuestra manera de entender la crianza. Habíamos sido instruidos por nuestros padres y pastores, en un modelo literal de "corregir con vara". Del "no porque no, y fin". Del "porque soy tu padre".

La violencia naturalizada (aun cuando no había castigo físico), y la no validación del otro en sus opiniones y sentimientos, eran rasgos del pasado con los que batallábamos hasta no hace muchos años.

Sin quererlo, estábamos repitiendo un modelo autoritario por el temor de perder autoridad. Y confundimos el principio de autoridad divina con el control que habíamos heredado de nuestros propios modelos de crianza.

MOSTRARNOS VULNERABLES FUE EL CAMINO HACIA LA SANIDAD DE NUESTRAS RELACIONES.

Creyendo corregir la conducta de nuestros hijos, caímos en la trampa que provoca el miedo a perder el control, y llegamos a creer que con métodos violentos facilitábamos la obediencia.

La conducta contraria o de oposición, por parte de nuestros hijos, ocupaba el foco de nuestra disciplina corriendo del plano a la persona, negando la posibilidad reflexiva y eliminando la experiencia subjetiva; bajo un mecanismo de control estructurado en la obediencia, el sometimiento y el desempeño según estándares "normales".

En nuestro proceso de aprender a ser padres, y en la infinita gracia de Dios sobre nuestras vidas, pudimos romper moldes y cambiar la matriz relacional modificando creencias, conceptos y enfoques hacia una paternidad respetuosa, coherente con el evangelio que predicamos.

Pedir perdón a nuestros hijos, fue nuestro mayor principio de autoridad. Mostrarnos vulnerables fue el camino hacia la sanidad de nuestras relaciones. Aprender a paternar en comunidad nos hizo más sabios, y nos aportó recursos valiosísimos para ir transformando las maneras; así como potenciando la esencia de amor que Dios había insuflado dentro nuestro cuando nos regaló el privilegio de ser padres.

La cultura del buen trato fue reconfigurando esta matriz de relaciones seguras donde nuestros hijos pudieron tener voz, participar en el proceso de la toma de decisiones, demostrar sus emociones abiertamente, sentir que hay un vínculo afectivo que es congruente con la narrativa, y sostener límites que les permitieron desarrollar criterios que después pudieran extrapolar a otras situaciones.

El mandato de Dios al hombre y a la mujer en el Edén fue el de gobernar. Muy lejos de lo que entendimos durante mucho tiempo, esta palabra no significa control. Gobernar, desde la etimología de la palabra, y desde la perspectiva hebrea, es *hacerse cargo*. Esto nos retira de toda amenaza de perder autoridad ante nuestros hijos, pues Dios mismo nos la otorgó. No se trata de hacer de nuestro hogar una asamblea o un gobierno democrático; se trata de asumir la autoridad espiritual que Dios nos delegó sobre nuestros hijos, basada en el ejemplo de Jesús donde la autoridad es directamente proporcional al servicio. En la cual somos impulsados ya no por nuestros miedos, sino por una revolución de ternura que nos moviliza y por una primacía del amor como eje estructurante de nuestras relaciones humanas.

LA ORACIÓN COMO DISCIPLINA DE RELACIÓN

La oración fue desde el inicio de nuestra paternidad la fórmula vital para que nuestros hijos amen la familia que somos y anhelen formar la suya propia.

La oración es un estilo de vida que nos ayuda a relacionarnos con Dios lo mismo que con otras personas, en especial con aquellas que viven en nuestra casa.

La oración es esa poderosa declaración donde yo puedo transformar una creencia limitante en expectativa profética, llamando a lo que no es como si fuera.

Desde el inicio de nuestra paternidad, nuestra oración fue: "Señor, que mis hijos te amen, te teman y te sirvan". Pero, así como "el verbo se hizo carne", ¡la palabra se hace experiencia! Y esta oración se volvió retórica de Dios para nosotros. Amándolo, temiéndolo y sirviéndolo de todo corazón, veríamos la oración cumplida en nuestros hijos.

Los puntos anteriores son apenas algunos aspectos destacables que descubrimos en medio de tanta tiniebla de confusión que implica criar hijos, mientras sostienes una familia en un mundo cambiante y lleno de contrapropuestas.

La luz de todo nuestro camino entramado, es sin duda Dios con nosotros, sobre nosotros, y en nosotros.

Iniciar un proyecto de familia enfocados en una visión nos sostuvo en momentos difíciles, y lo sigue haciendo en el llamado de inspirar a otros a la reconstrucción de una herencia: el hermoso legado de edificar el reino de Dios.

Por eso damos a Él toda la gloria. No hay fórmulas mágicas, hay corazones sensibles y dependientes que se animaron a tejer su propia trama, en el arte de criar hijos que amen a la familia.

4. RAÍCES EN COMUNIDAD

CRIANDO HIJOS QUE AMAN A LA IGLESIA

Gabriel y Gabriela Sánchez

La iglesia no es solo un edificio de ladrillos y cemento, es un hogar espiritual, una familia en la que cada niño tiene un lugar especial. En un mundo donde tantas voces compiten por la atención de los más pequeños, es vital que la iglesia sea un refugio de amor, alegría y crecimiento en la fe. Sin embargo, para que los niños amen a la iglesia, esta debe ser un lugar donde experimenten el amor de Dios de manera auténtica, donde cada historia bíblica cobre vida y donde cada enseñanza se convierta en una aventura emocionante.

Este capítulo busca ser una guía para padres, maestros y líderes que desean que los niños no únicamente asistan a la iglesia, sino que la amen profundamente. No se trata de nada más enseñarles doctrinas o hacer que memoricen versículos, sino de ayudarlos a desarrollar una relación genuina con Dios y con su comunidad de fe. Queremos que cada niño vea a la iglesia como un lugar de gozo, donde puede cantar, orar, aprender y compartir con otros en un ambiente de amor y aceptación.

Todos los domingos por la mañana, cuando sonaba el despertador, mi esposo y yo repetíamos un ritual que ya era tradición en nuestra casa. Cantábamos juntos: "Juancito, hoy es domingo, despierta, es hora ya; la escuela dominical pronto va a empezar". Esa canción marcaba el inicio de un nuevo día en la iglesia y además llevaba consigo años de recuerdos y aprendizajes. Era algo que mis padres hacían conmigo, y ahora nosotros lo repetíamos con nuestros hijos, con la esperanza y la intención de transmitirles el mismo amor por estar en la casa de Dios.

Generar un entorno donde nuestros hijos amen ir a la iglesia no pasa por la obligación ni la presión. Es algo que se construye con pequeñas cosas, con hábitos que transforman lo cotidiano en especial. Pero, ¿por qué es tan importante hacerlo?

Primero, porque Dios nos da un llamado como familia. No es casualidad que tengamos esta responsabilidad de guiar a nuestros hijos en su camino. La iglesia no es solo un edificio, es un lugar donde ellos empiezan a conocer a Dios, a sentirlo, a experimentarlo y a vivirlo en comunidad.

Segundo, porque cuando nosotros disfrutamos, ellos también. Si nos ven cantar, participar y emocionarnos al estar ahí, ellos lo imitarán. Es un reflejo natural. La alegría se contagia, y no hay mejor alegría que compartir juntos nuestra fe.

Por último, la comunicación es clave: hablar con ellos, preguntarles qué aprendieron, escucharlos con atención, todo esto fortalece su vínculo con la iglesia y con nosotros. Es un espacio para crecer en confianza con Dios, sí, pero también como familia.

Por lo que, aunque a veces cueste madrugar un domingo, vale la pena. Pues cada vez que cantamos esa canción, estamos sembrando algo eterno en el corazón de nuestros hijos.

¿IR A LA IGLESIA O VIVIR LA IGLESIA?

Parafraseando Juan 10:11, vemos que Jesús afirma "... mi propósito es darles una vida plena y abundante".

Jesús no vino a darnos un montón de reglas como las demás religiones que siguen un libro y que a su vez cuentan preceptos y tienen un fundador. La particularidad del cristianismo es que Jesús resucitó, está vivo, y sigue dando vida plena a todos los que nos acercamos a Él con un corazón sincero.

Por eso ir a la iglesia no se trata de sentarse en un banco los domingos, cantar alabanzas o escuchar un sermón. La verdadera iglesia no es un edificio, sino el cuerpo de Cristo, formado por cada uno de nosotros. De nada sirve asistir a un templo si nuestras acciones no reflejan el amor y la verdad de Dios en nuestra vida diaria.

Jesús nos llamó a ser luz en el mundo, a servir con humildad y amor, a extender nuestras manos al necesitado y a vivir con integridad. Si asistimos a la iglesia únicamente por costumbre, pero no permitimos que Dios transforme nuestro corazón, estamos perdiendo el verdadero propósito de la fe.

Servir a Dios no es solo un acto religioso, es un estilo de vida. Es amar sin medida, perdonar sin límites y actuar con justicia. Es vivir cada día como una ofrenda a Dios, reflejando su amor en nuestras palabras y acciones.

Que nuestra adoración no sea de labios para afuera, sino un testimonio vivo de que Cristo habita en nosotros.

Porque la iglesia no es a dónde vas, sino cómo vives.

CAPÍTULO: MI FAMILIA, MI IGLESIA

¿Cómo hacemos para que nuestros hijos amen ir a la iglesia?

Siendo honestos, llevar a los niños a la iglesia no siempre es tan fácil como nos gustaría. Entre el caos de los domingos en la mañana, la resistencia a levantarse temprano y los clásicos "¡Me aburro!", muchas veces parece más un desafío que una experiencia enriquecedora. Pero acá está la clave: *la iglesia no tiene que ser una obligación, sino un lugar donde ellos quieran estar.* Y esto no pasa solo porque sí, sino que es consecuencia de cómo generamos ese entorno desde la familia.

Primero, Dios nos da un llamado como familia. No es casualidad que en la Biblia se mencione una y otra vez la importancia de criar a nuestros hijos en Su camino. Tenemos una misión: ser ejemplo de fe y construir un hogar donde el amor a Dios sea natural. Cuando entendemos esto, nuestra prioridad deja de ser "cumplir con ir los domingos" y pasa a ser *vivir el evangelio en casa todos los días*.

En casa era común que hubiese algún hermano en nuestra mesa; o bien, que viajara con nosotros a llevar a nuestros hijos a la escuela. De hecho, es como Jesús lo hacía, Él llevaba a sus discípulos a todas partes, compartían la mesa, los milagros y los momentos difíciles. Así lo vivíamos en casa.

En un momento en el que nuestra familia se encontraba ya construida, Sergio llegó a nuestro hogar. Él era un joven con muchos problemas, entre ellos adicciones como el consumo de sustancias. Pero recibirlo en casa, incluirlo en la mesa y tomar la iniciativa de irlo a buscar fue lo que hizo que Sergio hoy sea un hombre de Dios, que pudo construir una hermosa familia y alcanzar la libertad. De estos y muchos otros milagros fueron protagonistas nuestros hijos.

CUANDO NOSOTROS DISFRUTAMOS, ELLOS TAMBIÉN LO HACEN.

Segundo, y esto es esencial: *cuando nosotros disfrutamos, ellos también lo hacen.* Pensemos en esto: si vivimos la fe como un peso o una rutina sin motivación, ellos lo van a notar. Pero si vamos con ganas, con alegría; si hablamos con entusiasmo de lo que aprendimos en el sermón, estamos mostrando que nuestra relación con Dios es algo genuino y emocionante.

Recuerdo algunas reuniones de trabajo en equipo en las cuales íbamos a un lugar cerca del río a pasar todo un sábado, mi esposo hablaba de Dios mientras nuestros hijos jugaban en un barquito abandonado. Eso sí que ejemplifica lo que es disfrutar de la iglesia viviendo momentos inolvidables entre amigos y ellos, nuestros hijos, entablando también amistades duraderas.

Puntualmente: *la comunicación lo es todo*. Preguntarles cómo se sienten, qué entienden, qué no les gusta. Escucharlos y acompañarlos en el proceso. No es nada más cuestión de llevarlos, sino de involucrarnos con ellos.

Al final, más que forzarlos, queremos guiarlos. Y eso empieza con el ambiente que construimos en casa. ¿Nos animamos a hacerlo juntos?

La transformación de vidas es el foco, no la religión.

Mis hijos pudieron ver de primera mano, y no porque se los hayan contado, muchas experiencias de personas que se acercaron a nosotros y cómo sus vidas fueron transformadas. Personas adictas, rotas por la vida, sin autoestima, fueron transformadas por el amor y el poder del evangelio de una manera práctica. Fueron testigos de lo que implica buscarles un lugar para dormir, darles trabajo, ayudarlos en sus decisiones de vida. Algunos compartieron vacaciones con nosotros y tuvieron la experiencia de conocer por primera vez el mar, en familia. Muchos incluso llegaron a ser parte de nuestra "familia ampliada" ya que, hasta el día de hoy, nuestros hijos los tratan como un miembro más de nosotros.

Ciertamente, como dice Juan 15:5 "Yo soy la vid y ustedes son las ramas. El que permanece en mí, como yo en él, dará mucho fruto; separados de mí no pueden ustedes hacer nada" (NVI).

Cuando pienso en mi infancia, hay una imagen que siempre vuelve a mí: mi mamá sentada en su máquina de coser, el repiqueteo constante de la aguja y su voz suave cantando himnos mientras trabajaba. A su lado, rollos de tela, moldes y pequeñas pilas de ropa que confeccionaba para su pequeña empresa. Yo la miraba fascinada, en parte por su habilidad, pero también porque cada canción que salía de sus labios tenía un significado especial.

Los domingos eran días sagrados, no solo por ir a la iglesia, sino porque mis papás nos enseñaron que ese día era diferente. Se vivía con una mezcla de emoción y rutina hermosa. Nos despertaban temprano y, mientras nos preparábamos para ir a la Escuela Dominical, mi mamá seguía con su canto, esta vez con más entusiasmo: "Juancito, hoy es domingo, despierta, es hora ya; la Escuela Dominical pronto va a empezar". Era una canción que se nos grabó en el alma, porque significaba más que palabras: era el eco de una fe viva, de una costumbre llena de amor.

Mis padres nos llevaban a la iglesia y al mismo tiempo nos mostraban con su ejemplo que disfrutar de las cosas de Dios era algo natural, parte de la vida. No lo vivíamos como una obligación, sino como un regalo. Íbamos juntos, nos sentábamos en los mismos bancos cada domingo, escuchábamos atentos y después compartíamos lo aprendido. La fe no era un discurso, era parte de nuestro día a día, entretejida con el sonido de la máquina de coser de mi mamá, la voz firme de mi papá y las risas que llenaban nuestra casa.

Hoy, cuando llevo a mis hijos a la iglesia, me doy cuenta de que sigo repitiendo esos hábitos. Y, aunque la vida ya cambió, la esencia sigue intacta: la certeza de que crecer en un hogar donde Dios es el centro, es un regalo que trasciende generaciones.

VIDAS AUTÉNTICAS, NO PERFECTAS

Intentamos escribir nuestro propio relato familiar, pero siempre aprendimos de otros. Copiamos lo bueno que vimos, aunque después lo transformamos en parte de nuestra historia. No teníamos una división entre nuestra vida pública y privada. Así como tratábamos a las personas fuera de casa, de esa misma manera éramos con nuestros hijos. Claro que donde hay más confianza hay más intimidad y cercanía, pero siempre procuramos que esa confianza no "mate" el respeto y el buen trato. Algo que sucedía en nuestra casa: no dejábamos que nuestros hijos nos gritaran desde sus cuartos para pedirnos algo. Siempre les decíamos, "Ven a donde estoy y dime qué quieres". De esa manera logramos un ambiente donde reinaba un clima de paz y armonía, aunque no siempre…

Los temas de conversación en la mesa diaria no incluían problemas de iglesia, ni situaciones entre hermanos. Cuidábamos construir, edificar, y no murmurar ni juzgar.

CONFIAMOS EN DIOS Y LAS PERSONAS DE MANERA PRÁCTICA

Si íbamos a dar comienzo a algo que, entendíamos, Dios había puesto delante nuestro, y contábamos con el aval de los pastores, no esperábamos a que nos dieran recursos o algún apoyo institucional. Avanzábamos en fe con lo poco o mucho que tuviéramos.

Así empezamos un Hogar de Chicas que no tenían vivienda, Escuelas de Deportes, talleres de fraccionamiento de productos para ayudar a jóvenes que salían de las adicciones; así también refaccionamos el salón de la iglesia y organizamos campeonatos. Nuestros hijos pudieron ver esto al principio como espectadores de lujo, y después como parte de lo que Dios estaba haciendo. Vieron cómo podíamos confiar y dar oportunidades a las personas (tengo que aclarar que hoy no lo haríamos como se hacía en ese tiempo). Pero algo que ellos pudieron atestiguar es que cuando confías en Dios y en las personas, aunque a veces fallan, ese gozo de dar todo genera una alegría y una plenitud que no se pueden explicar, pues son la vida de Jesús en nosotros.

TIEMPO JUNTOS. NO ES LA CANTIDAD SINO LA CALIDAD

Aprendimos a apartar un tiempo especial en el año para estar con ellos; hacerles sentir que, por más que mamá o papá hicieran mucho por otros, ellos eran especiales, y siempre podrían contar con nosotros.

No importaba cuánto dinero tuviéramos, todos los años nos íbamos de vacaciones: era una prioridad compartir experiencias y éramos muy intencionales. En cada ocasión estrenábamos un nuevo disco de música de compositores cristianos y era la "música de las vacaciones". Somos muy deportivos, y nos encargamos de que no faltaran todos los elementos para disfrutar de la diversión: pelotas, paletas, inflador, y ellos también participaban en construir la experiencia.

Además de las vacaciones anuales, tomábamos uno o dos fines de semana para viajar como familia a algún lugar más cercano. Procuramos tener nuestro culto familiar una vez por semana, aunque me preocupaba que se mantuviera dinámico, según fueran pasando las diferentes temporadas.

Te comparto algunas ideas prácticas que te ayudarán a ser intencional en los temas que tratamos:

- Domingo de reunión: anticípate al día, prepara la expectativa por lo que van a vivir ese domingo; explícales durante la semana la importancia de vivir el domingo en la reunión alabando a Dios, y cuánto le agrada a Papá Dios que lo hagamos.
- Haz una lista de los *no negociables como familia*, entre ellos: darle lo primero a Dios, por consiguiente, el primer día de la semana.
- Cuida tu corazón y el de tus hijos; no permitas que aniden sentimientos de amargura contra los demás, ni hables mal de otros en ninguna parte, pero en especial delante de ellos.

- Recuerda que siembras eternidad en el corazón de tus hijos y esos frutos serán visibles. Toda inversión en ellos traerá bendición eterna.

"Como flechas en las manos del guerrero
   son los hijos de la juventud.
Dichosos los que llenan su aljaba
   con esta clase de flechas".
(Salmo 127:4-5 NVI)

5. AMAR COMO FORMA DE VIDA

CRIANDO HIJOS QUE AMAN A OTROS

Roberto y Andrea Vilaseca

Cuando Roberto cumplió sesenta años unos meses atrás hicimos un festejo para celebrar su vida. Fue un hermoso momento en el cual nos acompañaron amigos y la familia más cercana. En un punto de la noche, nuestros cinco hijos se acercaron y nos pidieron expresar unas palabras dirigidas a nosotros dos.

Nos agradecieron todo lo que hicimos como padres, como tantas noches sin dormir por cuidarlos, cambiar infinitos pañales, inventar juegos para mantenerlos entretenidos o ser el chofer que los llevara a cada una de sus actividades.

Al final dijeron: "Gracias por su paciencia y por su mirada puesta en la necesidad del otro. Por enseñarnos a tener una casa abierta, lista para recibir a quien necesitara o quisiera venir. Gracias por amar sin medida y por enseñarnos que, en la vida, no hay que guardarse nada. Por mostrarnos que tenemos que dar nuestro cien por ciento en todo lo que hagamos".

Fue un momento muy especial. Sentimos que recogíamos el fruto que habíamos sembrado en sus vidas por más de 30 años. A cada uno de ellos: Nicolás, Iván, Belén, Ignacio y Franco, buscamos transmitirles que la mayor expresión de amor a Dios es amando a las personas y que la razón de nuestra existencia es agregar valor a cada una de ellas.

Desde antes de que naciera nuestro primer hijo, hasta que llegó el último, nuestras vidas estuvieron ocupadas en el ministerio, sirviendo al Señor como evangelistas, plantadores de iglesias y luego pastores. Nuestro hogar, nuestra mesa, nuestros recursos, todo fue compartido con personas a quienes amamos y servimos sin distinción. Nos apasiona ser hospedadores y hacer discípulos por medio de la vida juntos en casa. Y nuestros hijos aprendieron naturalmente a vivir en comunidad, siendo sensibles y generosos.

Como vivieron muchos años lejos de sus primos naturales, hicieron de sus amigos de la congregación y sus compañeros de escuela su propia familia. Intencionalmente, como papás, buscamos que sus amigos vinieran a casa a jugar y dormir.

Así que semana tras semana, nuestro patio se transformaba en improvisadas canchas de fútbol o básquet con la pileta llena en los veranos. En la adolescencia la casa se volvía un refugio de amigos para escuchar música, jugar a la PlayStation y noches interminables de risas y charlas.

Claro que, el hecho de ser hijos de pastores, tuvo para ellos su propio desafío. Sobre todo, en la demanda de nuestra atención como padres. Nuestro hogar era el espacio para hacer consejería y ministrar a los hermanos. Pero también muchas noches visitábamos familias. Tuvimos que aprender a equilibrar nuestros tiempos para preservar su espacio y lugar; estar presentes en sus propios desafíos y saber cómo responder a las necesidades emocionales de cada uno.

Con los años, uno de nuestros hijos, Iván, comenzó a relacionarse con varios hijos de pastores a quienes acompañó en sus procesos de crisis de fe, a causa de experiencias traumáticas con sus padres y con la iglesia. Lo que comenzó como un espacio de contención para algunos hijos de pastores se transformó en un ministerio de sanidad y restauración que bendijo a muchas familias pastorales.

Nuestro primer comentario respecto a hacer que nuestros hijos amen a las personas es el siguiente: es imposible que ellos amen a otros, a menos que esté incorporado al ADN familiar y lo hayan visto primero en sus padres. La compasión, la sensibilidad al dolor ajeno, y la vocación de servicio son parte de una cultura que se vive y se transmite de persona a persona.

Crecimos en dos familias que fueron refugio para muchos. La casa de los padres de Andrea era el ámbito de discipulado de familias, refugio temporal para adolescentes con problemas familiares y lugar de visitas constantes hechas por ministros extranjeros.

En la casa de Roberto, en una ciudad de provincia, que estaba de paso entre un extremo y otro del país, cada siervo de Dios que necesitaba hacer un alto y descansar en sus viajes era recibido con hospitalidad. Siempre había un plato de comida y una cama donde dormir. En la cama del Roberto adolescente durmieron apóstoles, pastores, profetas y todo tipo de ministros que necesitaban una noche de descanso.

> ENSEÑAMOS A AMAR, AMANDO. A SERVIR, SIRVIENDO. A PERDONAR, PERDONANDO.

Esa naturalidad con que compartíamos lo que teníamos en nuestras casas paternas se volvió también algo habitual en nuestro propio hogar, y eso lo que incorporaron nuestros hijos.

No se trata de enseñar algo que no vivimos, sino de afirmar un valor que ya es parte de la cultura de una familia. Enseñamos a amar, amando. A servir, sirviendo. A perdonar, perdonando.

Como padres buscamos mostrarles a nuestros hijos la importancia de expresar sus sentimientos y de no reprimir sus emociones. Como papás, nos han visto discutir, llorar, orar, abrazarnos y amarnos abiertamente. Siempre procurando que encontraran un modelo de cristianismo auténtico, sin maquillaje, amándonos más allá de nuestros errores. De la misma manera buscamos enseñarles que no amamos lo que es conveniente o perfecto, sino que el amor abraza la imperfección porque ama por elección.

Ellos aprendieron a amar a pesar de no ser correspondidos, o sufrir alguna injusticia. A renovar el interés por conocer y amar a otros, aun cuando perdieron amigos y relaciones siguiendo a sus padres en sus distintas temporadas. Les enseñamos a creer en las personas y esperar lo mejor de ellas, y han logrado construir relaciones sanas, auténticas, que perduraron en el tiempo.

La familia se benefició mucho de este valor. A lo largo de los años, cada uno de nuestros hijos fue expresando el amor a los demás de diferentes maneras. Lo vemos desde las profesiones que han elegido hasta sus ministerios en la iglesia, y en cómo han construido relaciones que reflejan esta sensibilidad por el otro. Los que han formado su propio hogar, transmiten esa misma cultura en sus parejas y en sus propios vínculos. Ellos sirven en diferentes congregaciones manteniendo esos rasgos de acercar y abrazar a los que no están integrados, atentos a los que necesitan ser escuchados y contenidos, y creyendo en el otro como una expresión genuina del amor.

Un segundo comentario tiene que ver con este principio: Solo puede amar quien se siente amado. Y en cuanto a esto fuimos muy intencionales en que nuestros hijos se sintieran amados y comprendidos.

Buscamos expresarles nuestro amor de todas las maneras posibles, a través de abrazos, caricias, palabras de afirmación y pasando todo el tiempo posible con ellos. Inventamos juegos, estuvimos presentes en sus actos escolares, pasamos largas horas viéndolos practicar deportes y no perdimos la ocasión de mostrarles que creíamos en ellos y celebramos cada uno de sus logros. Los acompañamos en sus frustraciones y los respetamos en sus días de crisis.

Les enseñamos a valorar la libertad de sus decisiones, el valor de la obediencia por sí misma y no por temor a la disciplina, y a amar a

Dios en sus pensamientos, actitudes y conducta.

Siempre fuimos conscientes que una autoestima fuerte es esencial para todo lo que emprendieran en la vida. Jesús nos dio el ejemplo de alguien que tenía una identidad sana porque tenía al mejor padre. Se *sabía* amado y apoyado. Por eso podía decir con tanta seguridad: "Yo soy. Sé de dónde vengo, y sé a dónde voy".

En Mateo 3:17 encontramos una maravillosa escena de cómo el Padre afirma la identidad de Su Hijo: "Y una voz dijo desde el cielo: «Este es mi Hijo muy amado, quien me da gran gozo" (NTV). Este amor, el amor de Su padre, fue la base de Su autoconocimiento, y esto fue y es determinante para cumplir el propósito que Dios tiene para nosotros, es determinante para alcanzar madurez espiritual y emocional.

Jesús nunca traicionó Su autenticidad, porque sabía de quién provenía Su identidad. Conociendo la necesidad que tenemos todos de sabernos amados, Jesús nos recordó los dos principales mandamientos que son, además, los principios más importantes para vivir esa vida abundante que nos prometió:

> "—Maestro, ¿cuál es el mandamiento más importante en la ley de Moisés? Jesús contestó: —"Ama al Señor tu Dios con todo tu corazón, con toda tu alma y con toda tu mente". Este es el primer mandamiento y el más importante. Hay un segundo mandamiento que es igualmente importante: "Ama a tu prójimo como a ti mismo" (Mateo 22:36-39 NTV).

Los dos mandatos más importantes de todos son: Amar a Dios, y amar a nuestro prójimo como nos amamos a nosotros mismos. Estos mandamientos tienen implicaciones en tres niveles: Amar a Dios, amarnos a nosotros mismos y amar al otro.

En una relación padre-hijo, e hijo-padre, nos encontramos llenos de su amor, y se lo devolvemos creyendo y confiando en Él. Recibimos de Él nuestra afirmación y seguridad. Sus constantes palabras de apoyo y de valor nos hacen sentir amados. Ese amor completa lo que nos falta, sana nuestras heridas y nos permite enfrentar los desafíos de la vida con confianza. Más que suficiente para valorarnos y creer en nosotros.

Solo llenos del amor de Dios podemos amar a otros. Solo cuando estemos seguros de sabernos amados y repletos de un amor que se derrama, estaremos en condiciones de amar a los demás.

Pero, además, debemos abrirnos a Su amor hacia nosotros, de manera que encontremos en Él nuestra fuente de amor, protección y provisión. Si podemos recibir Su amor, comenzaremos a aceptarnos y amarnos tal cual somos. Y también estaremos en condiciones de amar al otro con la misma calidad.

Hay una dimensión del amor que buscamos enseñarle a nuestros hijos, y es la de creer en el otro. "El amor todo lo sufre, todo lo cree, todo lo espera, todo lo soporta", le escribió Pablo a los corintios. El amor cree, y Dios nos lo demuestra creyendo en nosotros. Por eso también, creer en Él implica amarle con todo nuestro corazón, con toda nuestra alma y con toda nuestra mente.

CADA PERSONA MERECE SER RESPETADA Y ACEPTADA POR SER CREACIÓN DE DIOS.

Creer en las personas es una manera de amarlas. Creer sin especular. Sin juzgar sus intenciones. Así como Dios nos ama y hace con nosotros, el otro tiene el mismo derecho a que se le ame y se le crea. Es aceptar la invitación de Pablo cuando dijo: "Haya en ustedes el mismo sentir que hubo en Cristo Jesús... y por amor a nosotros dejó Su seguridad, se despojó y se hizo como nosotros".

Cada persona merece ser respetada y aceptada por ser creación de Dios. Como se nos enseña, cada uno de nosotros es una obra maestra de Dios. Él nos hizo únicos, especiales. Somos obra de arte del artista del universo. Hay arte en cada vida, hay pinceladas del mejor pintor y nos corresponde descubrirlo y reconocerlo.

Creer en las personas es saber que, aunque el pecado las desfiguró, todavía hay rasgos de aquel hombre y aquella mujer hechos a imagen y semejanza de Dios. Hay vetas de oro y de grandeza en cada vida. Por eso, aunque piensen diferente, tengan valores y criterios distintos a los nuestros merecen ser respetados y amados de la misma manera en que esperamos lo hagan con nosotros.

Este valor por las personas, por aceptar y reconocer al otro es algo que nuestros hijos han incorporado en todas sus relaciones. Y, a veces, cuando en la confianza de una charla familiar tenemos un comentario irrespetuoso hacia alguien, son los primeros en recriminarnos.

¿Qué es el amor? En primer lugar, el amor se aprende. Necesitamos aprender a amar. Nacemos sin saber amar, pero con una gran capacidad para hacerlo. Los seres humanos necesitamos de cariño constante y cálido. Necesitamos que nos consuelen tanto como del alimento y el aire fresco. Cuando el bebé recibe amor, aprende a devolverlo.

Segundo, consideremos que el amor entre los padres afecta la capacidad de amar del niño. El amor entre los padres le da al niño seguridad, estabilidad y un sentido sagrado de la vida que no va a conseguir de otra manera. Por algo se dice que lo mejor que un padre puede hacer por su hijo es amar y respetar a la madre del niño. De igual manera, lo mejor que una madre puede hacer por su hijo es amar y respetar a su padre.

El amor debe expresarse, y podemos comunicarlo de muchas formas no verbales; por ejemplo: abrazos, sonrisas, palmadas, tomarnos de la mano o mirarnos a los ojos cuando hablamos. Para el niño es importante sentir y experimentar el amor; sin embargo, este también requiere de una expresión verbal. Es rico escuchar, decir, mandar un mensaje de texto que diga: "¡Te amo, hijo!".

El amor pide acción, pues pronunciarlo en palabras que no van acompañadas de acciones que lo demuestren, no tiene valor. Debemos estar presentes en las expresiones de amor, dando tiempo de calidad, participando y escuchando lo que pasa en la vida de nuestros hijos.

El amor implica confianza; como cuando los padres aman a los hijos sabiamente, y tratan de ayudarlos a sentir que son personas con derechos. Esto les transmite confianza.

El amor requiere de la disposición a escuchar, y padres demasiado ocupados y cansados no tienen tiempo para esto. Piensan que lo que el niño tiene por decir no es importante. Sin embargo, escuchar con atención sus preocupaciones y alegrías comunica a nuestros hijos que los amamos. Si aprendemos a escucharlos con atención cuando son pequeños, vendrán a nosotros cuando sean grandes.

El amor significa compartir experiencias, es decir, mostrarle a tu hijo cómo hacer las cosas, trabajar, jugar y crear una atmósfera agradable juntos. Al compartir momentos de alegría y crear un sentido de unidad, comprensión y comunicación, nuestros hijos aprenden la manera en que funciona el amor. ¿Cuáles fueron los momentos más lindos de tu infancia?

El amor construye relaciones sinceras. El amor necesita estar presente todo el tiempo y sin condiciones. Nunca digas al niño: "Te voy a querer si…", o "te voy a querer, pero tú…". Simplemente dile: "¡Te quiero!". Debemos comprender la búsqueda de identidad del niño; él vive más del amor que de la comida, la casa o los juguetes.

El amor reconoce que las personas son más importantes que las cosas. Los niños necesitan a sus padres, no los regalos que estos puedan darles. Muchos padres trabajan duramente porque su meta es dar a sus hijos lo que ellos no tuvieron; pero en realidad están destruyendo lo que quieren obtener, robándoles tiempo valioso y enseñándoles que las cosas son más importantes que las personas. Las cosas materiales no pueden reemplazar la ausencia de los padres, ni comprar el amor de un hijo o hija. Amar es dedicar tiempo a cada miembro de la familia.

¿CÓMO PODEMOS ENSEÑAR A NUESTROS HIJOS A AMAR A OTROS?

- Aprendiendo a reconocer el amor y la bondad de Dios sobre sus vidas. Ellos necesitan reconocer que todo el bien proviene del Padre del cielo.
- Demostrando afecto. Los abrazos, besos, caricias y contacto físico pueden hacer sentir a nuestros hijos amados y seguros.
- Elogiándolos. A los niños les gusta que los feliciten por las cosas que hacen bien.
- Enseñándoles a amar a las personas desconocidas. Se puede mostrar agradecimiento por las personas que hacen posible el día a día; como el panadero, la vendedora, el conductor del autobús, entre otros.
- El amor por la gente con grandes necesidades. Hay muchos tipos de necesidades y, a lo largo de la vida, todos podemos vernos muy necesitados de ayuda en algún momento. Personas con enfermedades físicas o psicológicas, gente con alguna discapacidad, familias con dificultades económicas. Nuestros hijos tienen que aprender a amar a quienes son diferentes y discriminados como lo hizo Jesús.
- Enseñándoles a perdonar. Siendo el primero en disculparse es posible enseñar el valor del perdón.
- Enseñándoles a respetar al prójimo. Esto implica mostrar amabilidad y respeto con todos, sin excepciones.
- Enseñándoles a ser sinceros. Se puede crear una comunicación sincera y abierta con los hijos, sin mentirles ni ayudarlos a encubrir mentiras.
- Ayudándoles a controlar los impulsos. Algunos ejemplos de transmitir el autocontrol en las cosas pequeñas son el orden, el horario de comida, la higiene, entre otros.

- Ayudándoles a compartir: Todo lo que tienen, sea una golo-sina o juguete que les encanta, lo que sea, les hará bien rega-lar y compartir con otros.

6. CONOCIÉNDOLOS DE VERDAD

EL AUTOCONOCIMIENTO Y CRIANZA
DE DIFERENTES PERSONALIDADES

Daniel y Misty Escobar

Yo (Misty) recuerdo mi primera alerta roja. No fue el momento más orgulloso como mamá cuando mi bebé de seis meses me abofeteó justo frente a una multitud de personas. Era una cálida tarde de primavera en medio de uno de los puntos turísticos más importantes de los Estados Unidos. ¡Todas las miradas sobre la peor mamá del mundo! Miré a la cara de mi primogénita y me asombré por la mezcla de miedo y desafío en sus grandes ojos avellanas. ¿Quién era esta criatura que Dios me había confiado? ¿Dónde me había equivocado? ¡Esto no era parte de mi plan de crianza perfecto! En una fracción de segundo, mi mente buscó la reacción correcta, pero mis emociones ganaron; pasé a mi hija a los brazos de mi mamá, y me alejé para ocultar mis lágrimas de vergüenza.

No nos lleva mucho tiempo darnos cuenta de que nuestro pequeño y precioso regalo de Dios vino a este mundo completamente humano. También es rápidamente evidente que todos los pañales limpios, la alimentación oportuna y la atención cariñosa no garantizan que nuestros hijos respondan con obediencia, respeto y admiración.

Recordando la historia que compartió Misty, su experiencia despertó en mí (Daniel) una inquietud por conocer más a fondo a nuestra hija mayor, en todos los sentidos. Al mismo tiempo, nos hizo darnos cuenta de que criar e instruir a nuestros hijos es un compromiso real, uno que requiere intención, paciencia y consistencia.

A medida que crecen, aproximadamente entre los tres y cinco años (puede variar en cada niño), su personalidad puede empezar a ser notoria. Sus comportamientos son más marcados y, en consecuencia, las diferencias con los padres pueden volverse más evidentes. Es natural querer que sean como nosotros, pero nuestro verdadero trabajo no es imponerles nuestra forma de pensar, sino enseñarles a desarrollar la suya propia. Guiarlos no significa controlar su pensamiento, sino *darles las herramientas para que puedan tomar decisiones con criterio y responsabilidad.*

EL DISEÑO PARTICULAR DE CADA HIJO

"Instruye al niño en el camino correcto, y aun en su vejez no lo abandonará" (Proverbios 22:6, NVI).

Yo (Misty) nunca olvidaré cuando mi comprensión de toda la vida de este versículo de la Biblia fue cuestionada. No sé tú, pero yo crecí creyendo que este versículo estaba enseñando a los padres a criar a sus hijos en la iglesia y ser obedientes a Dios; y si ese niño decidía rebelarse, eventualmente regresaría a Dios y a la iglesia debido a su educación y crianza cristianas.

No recuerdo lo que leí que destrozó esa concepción, pero después de más estudios, ahora entiendo esta escritura de una manera completamente diferente. Creo que Proverbios 22:6 nos está enseñando sobre el propósito y diseño individual. Explica la importancia de conocer a cada niño y enseñarle de una manera que se adapte a su personalidad, dones espirituales, talentos e intereses. Se trata de que los padres inviertan toda la capacitación y enfoque en el diseño único y personal de cada uno de sus hijos. Esta escritura es una palabra de orientación para los padres sobre cómo ayudar a sus hijos a vivir su propósito individual dado por Dios.

"Entrene a un niño en el camino que debe seguir [y de acuerdo con su don individual o doblado], y cuando sea viejo no se apartará de él" (La Biblia Amplificada). En hebreo original, la frase "en el camino que debe seguir" o "el camino correcto" en realidad significa *su* camino. Usemos como ejemplo un arco y una flecha. Cuando se dispara un arco, la flecha viajará en una dirección particular, dependiendo de la inclinación del tiro. Esto está diseñado en el arco mismo y, si intentas doblarlo de manera diferente, en el mejor de los casos fallarás tu objetivo; y en el peor escenario podrías romper el arco.

Los niños no son cubos vacíos esperando ser llenados, o terrones de barro, esperando ser moldeados en lo que sus padres deseen. Los niños, como los arcos, tienen un diseño especial y único. Nuestros hijos están diseñados por Dios con tendencias individuales y un conjunto de dones con el fin de usarlos para Su propósito. Nosotros, como padres, estamos llamados a reconocer este diseño particular, esta esencia divina, en cada uno de nuestros hijos, y capacitarlos consecuentemente.

Esta puede ser la primera vez que escuches esta interpretación de Proverbios 22:6, y puede que te preguntes cómo saber cuáles son los dones y las inclinaciones individuales de tus hijos. Esto no es algo que se aprende de la noche a la mañana, pero puedo darte algunos pasos en la dirección correcta. Debes comenzar a estudiar a tus hijos. Descubre qué disfrutan, qué les viene naturalmente y qué luchas tienen. Observa cómo reaccionan ante diferentes situaciones; qué los motiva, qué los asusta y qué los apaga. Descubrir el estilo de aprendizaje de tu hijo es definitivamente importante, ¡pero hay mucho más! Dedica un tiempo a determinar cuáles podrían ser sus dones espirituales y cómo los rasgos de timidez, y/o confianza en sí mismos, pueden ser parte de sus dones dados por Dios.

Por encima de todo, honra la esencia de quién es tu hijo. Ten mucho cuidado de no tratar a tus hijos como si todos vinieran del mismo molde. Pídele a Dios que abra tus ojos a los aspectos sutiles, pero importantes, que hacen que cada uno de tus hijos sea quien es; y pídele que te muestre su visión para cada uno de ellos individualmente. En tu tiempo de oración, pide orientación mientras entrenas a tus hijos en el camino que deben seguir de acuerdo con sus diseños particulares. Si tuviera que ponerlo en una fórmula, sería esta: conocer verdadera y completamente a cada hijo o hija + capacitación en el camino de sus inclinaciones únicas, dadas por Dios = hijos que no se alejarán.

EL AUTOCONOCIMIENTO

¡A mí (Misty) me apasiona el autoconocimiento! Tanto es así que en el 2019 me certifiqué como Coach de Eneagrama. ¿Qué es el Eneagrama? Este puede ser un término completamente nuevo para ti. El Eneagrama es un sistema para descubrir la personalidad. Es posible que hayas oído hablar de otros sistemas de personalidad, como Myers Briggs, el Big 5 o DISC. Todas estas son herramientas maravillosas para comprendernos mejor a nosotros mismos y a los demás, pero profundizaremos más adelante en eso.

En primer lugar, quiero enfatizar el concepto de *autoconocimiento*, pues, en ocasiones, puede haber opiniones encontradas sobre esta idea. Quizás te preguntes, "¿No se supone que debemos conocer a Dios y a los demás; amar a Dios y aprender a amar a los demás?" y, si bien estos objetivos son cruciales y centrales para nuestra existencia en la tierra, también hay otro aspecto que es parte esencial en la ecuación. ¡Conocerte a ti mismo!

Completamente. No me refiero al hecho de que seas zurdo o diestro, introvertido o extrovertido, de carácter fuerte o suave. Estoy hablando de un proceso de sumergirte en las profundidades de quién fuiste creado para ser. ¿Cuál es la esencia de tu ser? ¿Qué te motiva a hacer lo que haces, decir lo que dices, reaccionar de la forma en que reaccionas? ¿Cuáles son tus principales anhelos y miedos? ¿Cómo tu existencia en este planeta refleja específicamente el carácter y las virtudes de Dios? ¿Cómo tiendes a reaccionar ante el estrés y cómo identificas estas actitudes para empujarte en la dirección del crecimiento personal constante? El autoconocimiento es el resultado de un proceso reflexivo a través del cual uno adquiere comprensión y convicción de su persona, cualidades y características. Es un paquete complejo que consiste en aprender lo siguiente:

- Tipo de personalidad
- Virtudes y debilidades
- Historia familiar e influencia de otros sobre tu vida
- Efecto sobre otros
- Temperamento emocional
- Sistema de creencias y motivaciones
- Nivel de madurez espiritual
- Desarrollo intelectual
- Carácter
- Lenguaje de amor

La mayoría de nosotros vivimos en piloto automático, haciendo las mismas cosas día tras día y lastimándonos a nosotros mismos y a otros sin siquiera darnos cuenta. Comenzar un viaje de autoconocimiento requiere que operemos con *intencionalidad*. Exige que tengamos un corazón abierto y transparente y que estemos dispuestos a aceptar las características no tan positivas de quienes somos. Cuando podemos hacer esto, no solo nosotros nos beneficiamos obteniendo un nuevo nivel de libertad, sino que también aquellos que nos rodean se ven afectados por quienes somos, viéndose inmersos en una nueva dinámica de relación. Un efecto secundario del autoconocimiento saludable es la capacidad de conocer y comprender a los demás en una nueva dimensión. Las herramientas, como el Eneagrama, también nos ayudan a comprender el funcionamiento interno de aquellos a quienes amamos y con quienes hacemos vida. Nos ayudan a alejarnos de nuestra tendencia natural de ver las cosas a nuestra manera para darnos cuenta de cómo otros perciben el mundo.

Regresando a la paternidad: cuando nosotros, como padres, nos entendemos mejor a nosotros mismos, somos más conscientes del efecto que tenemos sobre nuestros hijos. Cuando comenzamos a estudiar a nuestros hijos y a aprender para qué fueron creados, comenzamos a ser padres de manera más intencional. Cada uno de nuestros hijos es inmensamente diferente. Vivir bajo el mismo techo no les infunde los mismos rasgos de carácter. Comparten sangre con nosotros y entre ellos, pero cada uno tiene una esencia verdaderamente propia. Cuando nuestros hijos son pequeños, es nuestra responsabilidad ayudarlos a descubrir, poseer y celebrar estas características únicas. Es nuestro trabajo reconocer su inclinación estampada en el cielo y entrenarlos en consecuencia. Ni siquiera puedo comenzar a decirte cuán extensamente el Eneagrama y nuestro proceso de autoconocimiento han ayudado a nuestro matrimonio y paternidad. Es un trabajo duro que requiere determinación y disposición, pero el precio a pagar es irrelevante para el fruto que hemos visto como resultado.

No estoy segura de dónde te encuentras en este viaje, pero si es algo completamente nuevo para ti, es posible que te preguntes: "¿Cómo

> CUANDO NOSOTROS, COMO PADRES, NOS ENTENDEMOS MEJOR A NOSOTROS MISMOS, SOMOS MÁS CONSCIENTES DEL EFECTO QUE TENEMOS SOBRE NUESTROS HIJOS.

empiezo?". Si bien el objetivo de este libro no es únicamente el auto-conocimiento, el descubrimiento de la personalidad ni el Eneagrama, recomendamos otros recursos al respecto en la nota al pie.[1]

Si deseas descubrir más sobre cómo puedes experimentar el crecimiento en esta área como padre o como madre, ¡decídete hoy a dar el primer paso para aprender más!

ELLOS JUEGAN SU JUEGO, TÚ ERES SU COACH

Tus hijos no son una extensión de ti. No están aquí para ser como tú, sino para ser la mejor versión de *ellos mismos*. Como mencionó Misty anteriormente, tu papel como padre no es forzarlos a encajar en un molde, sino guiarlos, observarlos y ayudarles a descubrir su camino.

Cuando son pequeños, comienzan a expresarse de muchas maneras y a veces nos preguntamos: ¿Por qué se viste así? ¿Por qué siempre está cuestionando todo? ¿Por qué nunca para de moverse? Nada de esto está mal. Solo hay que aprender a canalizarlo y convertirlo en su fortaleza. Como padres, somos sus coaches: los acompañamos en su juego, identificamos sus habilidades y les damos herramientas para que jueguen el mejor partido posible.

Todo buen coach conoce a sus jugadores: sus fortalezas, debilidades y en qué áreas del juego destacan. Del mismo modo, como padres, es fundamental ser intencionales en conocer a nuestros hijos. No podemos asumir que todos los niños son iguales, ni siquiera que todos nuestros hijos lo son. Cada uno tiene su propia personalidad, talentos y formas de ver el mundo.

---

1 *El Camino de Regreso a Ti* por Ian Morgan Cron; *La Sabiduría del Eneagrama* por Don Riso y Russ Hudson. Instagram: @eneagrama_discoverfreedom.

Para poder guiarlos de la mejor manera, necesitamos invertir tiempo en ellos, observarlos, escucharlos y descubrir qué los motiva, qué los frustra y cómo podemos apoyarlos en su desarrollo. Criar hijos no es un proceso automático, requiere dedicación y constancia. Pero te aseguro que, con el tiempo, esa inversión dará frutos y marcará la diferencia en su vida y en la relación que construyas con ellos.

CONOCIENDO A NUESTROS HIJOS

Aquí te compartimos algunos puntos clave para conocer mejor a tu hijo o hija:

1. Observa su comportamiento natural.

Mira cómo reacciona en diferentes situaciones: ¿Es extrovertido o reservado? ¿Disfruta estar en grupo o prefiere estar solo? ¿Cómo maneja la frustración o los cambios inesperados?

Observar a nuestros hijos requiere *tiempo y paciencia*. A veces, la lucha interna entre cómo queremos que sean y cómo realmente son puede ser desafiante. Pero aquí es donde entra el discernimiento: hay momentos para dar instrucciones y momentos para simplemente *escuchar y observar*.

2. Descubre sus talentos y habilidades naturales.

Cada niño tiene una chispa única. Algunos tienen habilidades artísticas, otros destacan en deportes, mientras que otros son más lógicos o analíticos. Como padres, nuestra tarea es ayudarles a descubrir esas fortalezas.

Hace poco, fuimos a un partido de básquetbol de mi hijo menor, Julián. Él es callado, introvertido y muy creativo. No es el tipo de niño que llama la atención fácilmente. Pero en el juego, yo (Daniel) vi algo en él que nunca había notado antes: liderazgo natural. Julián les decía a sus compañeros dónde posicionarse, daba instrucciones con confianza y mantenía la calma en los momentos de presión. Eso me hizo pensar: *¿Cuántas cualidades pasan desapercibidas en nuestros hijos simplemente porque no nos tomamos el tiempo para observarlas?* Desde ese día, decidí reforzar esa habilidad en él, apoyarlo y motivarlo en su camino.

3. Analiza cómo manejan sus emociones.

Cada niño expresa sus emociones de manera distinta: ¿Se frustra con facilidad o es resiliente? ¿Expresa lo que siente o guarda todo dentro? ¿Necesita apoyo para manejar el estrés o la ansiedad? Hablar de emociones no es fácil para todos los niños. Algunos necesitan más tiempo para abrirse, pero si seguimos teniendo conversaciones significativas, poco a poco se sienten más cómodos expresando lo que realmente sienten. La clave está en encontrar el *momento adecuado* para abordar estos temas. Forzar una conversación cuando no están listos puede cerrarlos aún más. Pero si creamos un ambiente seguro y libre de juicios, con el tiempo aprenderán que pueden confiar en nosotros para hablar de cualquier cosa.

4. Aprende su lenguaje del amor.

Según el autor, Gary Chapman, cada persona tiene una forma distinta de sentirse amada. Con los niños, esto es incluso más evidente. Chapman dice que existen cinco lenguajes principales del amor:

- *Palabras de afirmación.* Necesitan escuchar elogios y palabras de cariño.
- *Tiempo de calidad.* Valoran la atención plena y actividades juntos.
- *Regalos.* No se trata de lo material, sino del significado detrás de un detalle especial.
- *Actos de servicio.* Se sienten amados cuando los ayudas con algo importante para ellos.
- *Contacto físico.* Un abrazo o una caricia pueden transmitir más amor que mil palabras.

Este concepto ha sido un punto de inflexión en mi relación con mis hijos. Todos tenemos un poco de estos cinco lenguajes, pero hay uno o dos que predominan en cada persona. Cuando descubres cuál es el de tu hijo y lo usas para conectarte con él, la relación cambia completamente.

Si tu hijo necesita tiempo de calidad, un paseo juntos significa más que cualquier regalo. Si su lenguaje del amor consiste en palabras de afirmación, decirle cuánto aprecias su esfuerzo puede llenar su tanque emocional más que cualquier otra cosa.

LA CLAVE FINAL:
CONECTAR EN LOS PEQUEÑOS MOMENTOS

Muchas veces pensamos que conectar con nuestros hijos requiere grandes gestos o momentos especiales. Pero la verdad es que los lazos más fuertes se crean en las pequeñas rutinas diarias. En una conversación camino a la escuela. En un juego de mesa después de la cena. En un abrazo que llega cuando menos lo esperan.

Los niños crecen rápido, y cada etapa trae nuevos desafíos y aprendizajes. Pero si nos tomamos el tiempo para conocerlos *de verdad*, no solo estaremos criando buenos hijos… *estaremos construyendo relaciones que durarán toda la vida.*

Así que haz preguntas, escucha, observa y, sobre todo, disfruta el proceso. Disfruta desde la primera fila la transformación de tu pequeño en un adulto increíble. Celebra su diseño divino —su personalidad única— dada por Dios. Si podemos cumplir con el rol de coach de apoyo con confianza y amor, nuestros hijos nos honrarán por ello y siempre regresarán a casa.

7. TESOROS ESCONDIDOS EN SUS MANOS

DESCUBRIENDO LOS DONES DE TUS HIJOS

Darío y Mariel Acosta

"Los hijos son un regalo del Señor; los frutos del vientre son nuestra recompensa".

—Salmo 127:3-4 (RVC)

Cuando nos propusieron escribir este capítulo, hablamos y conversamos mucho sobre el tema y lo que la palabra "dones" generaba en nuestra mente. Lo primero que vino a nuestro pensamiento fue este versículo. Nuestros hijos son un don de Dios, uno de los regalos más preciados que tenemos, así de bueno es nuestro Señor que nos permite ser protagonistas y disfrutar de nuestros hijitos amados; de atestiguar en ellos el obrar maravilloso y milagroso; de contemplar la mano de poder del Señor, Sus cuidados, y Su propósito tanto individual como familiar. El privilegio de ser padres nos hace entender un poco lo inmenso y descomunal que es el amor paternal que Dios tiene por nosotros.

Dios, como padre amoroso, quiere darnos regalos a todos Sus hijos; a esos regalos la Biblia los llama dones y, para poder desarrollar este tema, antes de contar nuestras experiencias familiares, pensemos juntos sobre qué nos dice la Biblia acerca de los dones.

Según la Biblia, los dones nos multiplican, desarrollan y edifican tanto a nosotros como a la iglesia, están asociados directamente con la gracia del Señor; sirven para equipar y establecer el reino de Dios en la tierra.

Los dones son dados por el Espíritu Santo para beneficio de los que aman a Dios y aman su casa; bendicen y edifican el cuerpo de Cristo como dice 1 Corintios 14:12.

Tenemos que abundar en ellos; siempre como padres fue nuestra intención que Dios le regalara a nuestros hijos muchos dones para que puedan ser desarrollados a beneficio de la iglesia.

En Romanos 12:6-8 el apóstol Pablo cita algunos de los dones que nos otorga Dios:

- Profecía (percibir la voluntad de Dios; recibir revelación del Espíritu Santo).
- Servicio (ayudar y estar pendiente de las necesidades ajenas).
- Enseñanza (comunicar de manera didáctica y práctica; investigar y escudriñar las escrituras para transmitir su mensaje de forma clara y contundente).
- Exhortación (animar y aconsejar a otros; desafiar a vivir dentro de la voluntad de Dios).
- Generosidad (dar, tanto en recursos como en tiempo).
- Liderar (dirigir, motivar; ser creativo, responsable, emprendedor).
- Misericordia (tener compasión, es decir, aliviar el dolor del otro con ternura; pacificar, empatizar, llorar con quien llora, abrazar).

DISTINTOS DONES, UN MISMO SEÑOR

La Biblia nos dice en 2 Corintios 5:18: "Y todo esto es un regalo de Dios, quien nos trajo de vuelta a sí mismo por medio de Cristo. Y Dios nos ha dado la tarea de reconciliar a la gente con Él" (NTV).

Creemos que en la Biblia el apóstol Pablo escribe como ejemplos estos dones, no obstante, entendemos que Dios es un Dios creativo y que, así como a través del tiempo nos va sorprendiendo con nuevas ideas, esto también aplica a los dones y a los regalos que el Espíritu Santo nos quiere dar.

Un ejemplo de las manifestaciones de Dios, diferentes y creativas, lo vemos en la vida de Elías en 1 Reyes 19:9-15 donde en medio de una depresión, el profeta ora a Dios y Él se manifiesta presentándose primero como una voz apacible, luego en una suave brisa y por último como viento fuerte, temblor y fuego; diferentes maneras, distintas totalmente entre sí, que nos muestran que siempre podemos ser sorprendidos; pues nuestra capacidad para asombrarnos del obrar divino siempre nos tiene que mantener en alerta.

Por ejemplo, uno de los dones que está tomando relevancia en la iglesia en estos tiempos es el de relacionistas públicos, es decir: saber conectar con las personas. Como habíamos mencionado en el capítulo anterior, nuestros hijos nacieron y crecieron en un ambiente de iglesia; la iglesia era como su segundo hogar. Cuando Jazmín tenía tres años recorría los pasillos saludando por su nombre a la gente que asistía a las reuniones y si veía a una persona que no conocía o venía por primera vez, se acercaba preguntándole su nombre y al sábado siguiente ella lo saludaba con confianza, fomentando un ambiente de familia; el mismo tipo de ambiente que te dice sin hablar ¡te estamos esperando! Su práctica de dar la bienvenida fue uno de los primeros dones que pudimos observar a su corta edad.

¿CUÁL ES LA DIFERENCIA ENTRE DON Y TALENTO?

Entendemos que el talento es innato, que los traemos desde que nacemos, pero el don como dice el versículo más arriba viene directamente de Dios. Ejemplo: un talento puede ser cocinar rico, jugar bien al fútbol, habilidades manuales; pero cuando hablamos de un don nos referimos exclusivamente a un regalo de Dios dado por su gracia. Los dones se desarrollan en la casa de Dios y sirven para acercar a la gente a Jesús y edificar al cuerpo de Cristo; no son innatos, sino que el Espíritu Santo los otorga como a Él le place.

Descubrir los talentos de nuestros hijos no fue difícil ya que ellos son muy extrovertidos y en todo momento, desde muy chicos, bailaban, actuaban y jugábamos juntos en nuestro hogar; por lo que fue muy simple reconocer que ellos tenían talentos en todas esas áreas.

Por ejemplo, nuestra hija mayor desarrolló la parte artística, ella canta, baila y actúa muy bien. En el caso de Juan, nuestro hijo de en medio, es muy talentoso en los deportes, la actuación y la música. Nuestra hija Jazmín, la menor, canta muy bien, actúa, dibuja y es muy creativa; podríamos decir que ellos vendrían de una familia de artistas. Estamos seguros de que Dios nos ha regalado mucha creatividad en ellos, y eso nos hace papás orgullosos y muy felices.

Una persona hace unos años al ver a nuestra familia y las cosas que hacíamos, nos dijo algo gracioso: "¿No se les ocurrió recorrer el mundo llevando una vida de artistas como si fuera una comedia musical? Realmente podrían montar un espectáculo familiar, sin necesidad de tener un staff, así todas las personas podrían ver el talento artístico que hay en ustedes cinco". Escuchar esto nos pareció divertido.

¿CÓMO IDENTIFICO LOS DONES?

Leemos en 1 Corintios 12:4-6: "Hay diversidad de dones, pero el Espíritu es el mismo. Y hay diversidad de ministerios, pero el Señor es el mismo. Y hay diversidad de operaciones, pero Dios, que hace todas las cosas en todos, es el mismo".

Los dones espirituales en nuestros hijos los fuimos descubriendo a medida que fueron creciendo en el camino de Dios y, del mismo modo, creemos que Él todavía está añadiendo a sus vidas más dones, los cuales completarán en ellos Su obra.

Proverbios 22:6 dice: "Instruye al niño en su camino, y aun cuando fuere viejo no se apartará de él".

Uno de los dones que nuestros hijos tienen en común es el de liderar, esto se evidencia en que muchos chicos de su entorno se acercan a ellos en busca de su amistad, consejo y compañía. Podíamos ver cuando se reunían a socializar cómo sus amigos se reían y disfrutaban de su compañía; y a la vez eran invitados con mucha frecuencia a pijamadas, casas de amistades, fines de semana, al cine, etc., y, en ciertas ocasiones, nos llamó poderosamente la atención que, si alguno de ellos no podía participar, el evento o salida no se realizaba; inclusive algunos de sus amigos cambiaban la fecha para que ellos pudieran asistir. Esto también alegraba nuestro corazón de padres.

Otra situación que nos llenaba de emoción era que ninguno de los tres se avergonzaba de ser cristiano; lo decían en todos los ambientes donde les preguntaran y lo hablaban con mucha naturalidad.

En el Jardín de infantes donde asistía, Sol hacía orar por los alimentos a todos los niños de su salón como si fuera algo totalmente obvio. En el tiempo de juego colocaba las sillitas simulando un servicio, organizaba una pequeña orquesta con sus amiguitos y cantaban las canciones de la iglesia; el kínder era secular y las docentes nos comentaron que algunos padres se acercaron preocupados porque no estaban de acuerdo con la práctica religiosa, ya que era una institución laica. Para nosotros hasta el día de hoy sigue siendo una anécdota que recordamos con mucha gracia.

Con el correr de los años, siendo ya una joven, pudimos disfrutar de hermosas y poderosas predicaciones que dio a grupos de jóvenes y adolescentes, y luego a la iglesia en general. Recuerdo que una vez fue invitada a predicar a una congregación cercana a nuestra iglesia local y al otro día recibimos el llamado de la esposa del pastor, una mujer de edad avanzada, diciéndonos medio en chiste que, tranquilamente, podría ser la próxima pastora de ese lugar. Esto nos llenó de felicidad, con una responsabilidad por delante: orar incansablemente por ella para que el enemigo no robe ese tesoro que Dios le estaba regalando y que ella desarrollaba con tanta devoción.

En una ocasión nuestro hijo Juan, a los nueve años, nos sorprendió haciendo un devocional que subió a un canal de YouTube, que él mismo había creado, con el objetivo de que otras personas conocieran el amor de Jesús. Era un mensaje de salvación, a su manera y con las palabras de un niño, pero qué orgullo y emoción nos dio escucharlo. Si en nosotros causó tanta felicidad, ya me imagino en el corazón de Dios.

También recordamos cómo, cuando tenía apenas unos tres años, en múltiples ocasiones se ponía frente al baterista en los servicios de la iglesia y, con una lata y dos palitos, hacía los movimientos de percusión porque quería aprender. Admiraba a ese baterista. Así, por ejemplo, fuimos descubriendo que él quería ser músico, pues no lo hacía con otro instrumento que no fuera la batería. Muchos años después, de adolescente, él fue el baterista principal de nuestra iglesia.

En el caso de Jazmín ella sufre de "sincericidio", o sea, posee la capacidad de decir lo que piensa sin filtros. Actualmente es complicado porque todavía tiene que desarrollar el autocontrol de su temperamento y emociones, pero eso es una fortaleza, pues, con la debida madurez y en el tiempo oportuno, va a poder decir las cosas con amor y firmeza; lo cual nos da pautas sobre que el don de exhortación está en su vida.

Algunos tips que nos ayudaron como papás a poder ver y guiar a nuestros hijos, tanto en su camino natural como espiritual, son:

1. Veo, veo, ¿qué ves?

Este popular juego hace que miremos a nuestro alrededor para descubrir un objeto de un color particular que alguien más ha seleccionado... llevemos la consigna de este juego al observar a nuestros hijos intencionalmente, con dedicación, con detalles.

Observa sus intereses naturales, observa qué les apasiona. Los niños tienden a mostrar interés en actividades donde tienen habilidades innatas. Anímalos a explorar diferentes áreas y observa dónde brillan. Dedica tiempo a observar qué actividades disfrutan más. ¿Les gusta el arte, la música, los deportes o la ciencia? Presta atención a lo que les emociona y motiva.

Identifica sus habilidades innatas: A veces, los niños muestran habilidades naturales en áreas específicas. Si notas que tienen una facilidad especial para algo, como resolver problemas matemáticos o crear historias, eso podría ser un indicativo de su talento.

2. Fomenta la curiosidad

Mateo 7:7, "Pedid y se os dará, buscáis y hallaréis; llamad y se os abrirá", nos invita a buscar y preguntar. Crea un ambiente donde tus hijos se sientan seguros para hacer preguntas y explorar.

La curiosidad es una puerta a la creatividad. Alienta a tus hijos a experimentar sin miedo al fracaso; esto puede ayudarles a identificar lo que realmente les gusta. Gracias a Dios tuvimos la oportunidad de viajar con nuestros hijos siendo ellos muy pequeños. Viajar abre tu mente a conocer distintas culturas, lugares, costumbres, ambientes, personas, lenguajes y eso hizo que los chicos desde temprana edad fueran curiosos, desearan conocer cosas nuevas y no tuvieran miedo a salir de su círculo conocido.

3. Activa tu escucha activa

Escucha sus sueños y aspiraciones, incluso cuando te parezcan alocados o sin cimiento en la realidad. Permíteles a tus hijos extender sus alas y soñar a lo grande.

Salmo 37:4 dice: "Deléitate asimismo en Jehová, y Él te concederá las peticiones de tu corazón". Escuchar lo que sueñan puede revelarte sus deseos más profundos.

Hablar sobre sus sueños les ayuda a reflexionar sobre sus habilidades. Pregúntales sobre lo que quieren ser de grandes y aliéntalos a pensar cómo pueden lograrlo. Una pregunta que les hacemos para descubrir su vocación es: si pudieras elegir una actividad para realizarla gratuitamente, sin que te reconozcan nada, ¿qué harías?

4. Estás en el lugar correcto

Esto es fundamental. La familia es su lugar seguro donde no serán juzgados, donde pueden ser vulnerables y mostrar sus debilidades. Como papás debemos ofrecer un entorno en el cual se sientan seguros para expresarse. Escuchar sus ideas y sueños y fomentar su confianza para explorar sus intereses.

5. Preguntas, preguntas y más preguntas

Si tenemos una característica familiar es que hablamos un montón, es común en una cena pedir nuestro turno y así no ser interrumpidos, pues nos encanta hablar a todos. Quizás esto no ocurra en tu familia, por eso es necesario hacer un esfuerzo y alejar la charla de respuestas monosilábicas y formular preguntas intencionales que nos ayuden a conocer lo más profundo del corazón de nuestros hijos.

Habla con ellos sobre lo que les gusta hacer y cómo se sienten al respecto. Preguntas como: ¿qué es lo que más disfrutas? o ¿cómo te sientes cuando dibujas/cantas/juegas? Esas respuestas pueden abrir puertas a conversaciones muy significativas. Te vas a sorprender de los temas que pueden salir a la mesa cuando no hay distracciones como la televisión, celulares, etc.

6. Prueba y error

Hay que permitirles probar diferentes actividades, la experimentación es clave en el desarrollo infantil. Inscríbelos a clases o actividades extracurriculares para que puedan probar cosas nuevas.

A mi hijo lo llevamos a jugar fútbol, asistió a las prácticas por varios meses, pero notábamos que los otros chicos eran apasionados; jugaban como si estuvieran en una final del Mundial, pero Juan, a diferencia de ellos, preguntaba cuánto faltaba para que termine y poder ir a comer. Claramente no lo estaba disfrutando. Luego lo anotamos a clases de ping-pong, más tarde de tenis, hasta que encontró su verdadera pasión en el pádel. Siendo muy chico estudió y se capacitó como coach profesional de pádel y actualmente, siendo tan joven, con solo 18 años, decidió aventurarse e irse a trabajar a México.

Jazmín canta en la ducha, pero es como si estuviera dando un concierto angelical, amamos escucharla; por esta razón la animamos a empezar clases de canto y así pueda vencer la vergüenza y tener herramientas para desarrollar ese talento increíble.

Anima a tus hijos a probar diferentes actividades. Inscríbelos en clases de danza, pintura, deportes o ciencia. La exposición a diversas experiencias les ayudará a descubrir aquello que realmente les apasiona.

Dales espacio para fallar. Romanos 8:28 nos recuerda que todas las cosas ayudan para bien.

Que internalicen que un error es una oportunidad de aprendizaje. Hay que enseñarles que se puede fallar, y esto nos pasa a todos; esto los ayudará a desarrollar resiliencia y confianza en sí mismos.

7. Celebrando sus logros

Lucas 15:10 nos muestra que hay alegría en el cielo por cada alma que se arrepiente. Festeja por cada paso positivo que den tus hijos. Celebra sus logros, no importa cuán pequeños sean. El reconocimiento positivo refuerza la autoestima y da ánimos para seguir explorando un talento.

Las palabras de afirmación motivan a los niños y potencian sus habilidades. Reconocer sus esfuerzos les hará sentirse valorados y alentados a seguir creciendo.

8. Compartiendo intereses

Comparte actividades con ellos. Si les gusta la música, escúchenla juntos; si les gusta el arte, pinten juntos. Esto no solo fortalece el vínculo familiar, sino que también te permite ver sus habilidades en acción.

Tenemos que entender que cada hijo tiene su propio proceso, su crecimiento, su relación personal con Dios y, por ende, un camino para descubrir, conocer y desarrollar sus dones. Lo importante es acompañarlos en este viaje con amor y apoyo constante, siempre orando por ellos como parte de nuestra responsabilidad de padres. Guiarlos en una búsqueda para conocer y amar cada día al Señor, desarrollando la plenitud y capacitación de su Espíritu Santo, sabiendo que todo está en las manos del Creador, pues Él ya tiene planes de bien para ellos y a Su tiempo va a cumplir cada una de Sus promesas; así como el propósito que tiene preparado para cada uno de nuestros queridos hijos.

8. SANAR, ACOMPAÑAR, VOLVER A CONFIAR

CRIANDO HIJOS QUE ENFRENTAN SUS DESAFÍOS

Gabriel y Gabriela Sánchez

Como seres humanos vamos transitando la vida y todos en algún momento enfrentamos situaciones de conflicto, sufrimientos que nos generan traumas. La vida misma es una suma de sucesos inesperados, y cada uno de ellos nos da la oportunidad de elegir dónde nos paramos, en qué creemos, cuál es nuestra fe y cuál nuestra confianza en Dios. ¿Está puesta nuestra confianza realmente en Él? Especialmente en situaciones límite, la primera palabra que nos sale es ... ¡DIOS!, pero ¿es en Él en quien elegimos confiar? ¿O nos desanimamos y hasta lo culpamos?

A nosotros nos tocó pasar por una de estas situaciones: la partida de nuestra hija de dos años. Esto nos llevó a replantearnos la vida entera, nuestros más profundos cimientos de la fe y nuestras más internas creencias.

El ocho de diciembre siempre ha sido un día especial para nosotros. Es un feriado en Argentina, y ese día en particular lo vivíamos como un día de asueto perfecto; ideal para compartir con amigos, disfrutar del sol y ver cómo nuestros hijos corretean felices.

Aquella mañana no fue la excepción. La casa estaba llena de risas, charlas y el murmullo de los chicos jugando. Todo se sentía en armonía, como esos días que parecen estar tocados por un aire de paz. El descanso y el compartir nos esperaban.

Nuestra hija mayor Ivanna, corría de un lado a otro con su amiga, como siempre, llenas de energía. La más pequeña, Mailén, con apenas dos años, también estaba allí: explorando el mundo con esa inocencia que solo los niños pequeños tienen. Nosotros los adultos entre mates y conversaciones, disfrutábamos del día sin imaginar que, en cuestión de minutos, todo iba a cambiar para siempre.

De repente, un sonido rompió la burbuja de alegría. Escuchamos un grito que no era de juego ni de emoción, sino de un terror imposible de describir. Nuestra hija mayor Ivanna, había encontrado a su hermanita en la pileta, boca abajo y en un instante, la sangre se nos heló. Todo se volvió confuso: los pasos apresurados, el intento desesperado por revivirla, las reacciones de cada uno, mi esposo haciendo resucitación cardiopulmonar, yo gritando "no puedo soportar esto...".

Se me bajó la presión y me desvanecí. Ivi, mi pequeña valiente, estaba allí, pero no la registraba por tanto dolor que me atravesaba. Los amigos estaban con nosotros, pero todo es tan intenso que solo puedes sentir tu dolor y el resto pasa a un segundo plano. Y la súplica agonizante de que no fuera más que un mal sueño. Pero la realidad se nos impuso con una dureza insoportable.

Aquel ocho de diciembre, mientras vivíamos un momento que parecía estupendo, nuestra pequeña partió a la presencia de Dios. Lo inesperado se manifestó, golpeó y atravesó las puertas de nuestro entorno y de nuestra familia. Y en ese instante, el tiempo se detuvo.

De repente, la vida que se presentaba como interminable y maravillosa, nos mostró su fragilidad, lo corta que es, lo efímera que puede ser en esta tierra. Pero, al mismo tiempo, nos recordó algo aún más grande: la eternidad. Porque Mailén no dejó de existir, simplemente cruzó antes que nosotros la línea invisible que separa este mundo del que vendrá. Lo que escribió Salomón en Eclesiastés 3:11 se hacía palpable: "[Dios] sembró la eternidad en el corazón humano". ¿Cómo sería eso? La eternidad en el presente… indescriptible, inédito para el momento que iniciamos como familia.

Llegaba un sufrimiento inevitable, de esos que como humanos solo debemos aceptar, abrazar y esperar en el regazo de Dios.

Miro para atrás y fue un camino duro, pero elegí esconderme en el regazo del Señor. Los pensamientos me atormentaban, el dolor era tan profundo e indescriptible que todo lo demás se volvió secundario. Dolor, dolor, solo sentía dolor…

Incluso así, en esos momentos, podía percibir el consuelo de Dios y un atisbo de esperanza que no llegaba a comprender todavía, a través de alabanzas que resonaban en mi espíritu: "Mi fortaleza eres Tú, he puesto en ti mi esperanza…". O versículos aprendidos y memorizados que ahora llegaban a mi alma como un bálsamo: "En la multitud de mis pensamientos dentro de mí, tus consolaciones alegraban mi alma" (Salmo 94:19).

> EL CIELO ES PARTE DE NUESTRA VIDA COTIDIANA, ESTÁ PRESENTE EN NUESTRO AMBIENTE FAMILIAR.

No puedo recordar varias vivencias con mis hijos porque, por cierto, Dios me dio dos preciosos hijos más: Julián y Pamela.

¿Saben? El cielo es parte de nuestra vida cotidiana, está presente en nuestro ambiente familiar. La muerte no pudo frenar los sueños que tenía Dios para nosotros. El verso "… ¿dónde está muerte tu aguijón?, y ¿dónde está oh sepulcro tu victoria?" (I Corintios 15:55), tenía un nuevo sentido para nosotros. La muerte ya no era un límite, una frontera, una batalla perdida, porque no hay nada que nos pueda separar del amor de Dios, literalmente, ni la muerte nos separó (Romanos 8: 35). Esto no es teoría, no son palabras, ¡es un hecho!

¿Qué decisiones tomamos en medio del dolor?

Viktor Frankl en su libro "El hombre en busca de sentido" (1959) expresa, "Todo se le puede quitar a un hombre menos una cosa, la última de las libertades humanas: escoger su propia actitud en medio de cualquier conjunto de circunstancias, escoger su propio camino".

En esa elección, nosotros elegimos no culparnos. Elegimos no ahogarnos en los "qué habría pasado si...", porque entendimos que la vida no nos pertenece, sino que es un regalo prestado por Dios. Y aunque el dolor nos acompañará siempre, también lo hará la certeza de que un día, en la eternidad, volveremos a abrazarla. Al escribir estas palabras todo en mí se vuelve a remover.

También Dios trabajó en mi culpa, ese latente sentimiento de culpa que me perseguía y en los porqués. ¿Por qué a mí? ¿Por qué no a mí?

Y ¿si no hubiese invitado a esos amigos?, y ¿si no hubiésemos tenido esa pileta...?

¿Fatalidad o designio de Dios?

Tuve que aprender que no se trataba de culpas, se trataba de aceptar mi doloroso e inimaginable presente, mi historia. ¿El Dios de la historia era también el interventor en este capítulo de nuestras vidas?

Entendimos con profundo dolor y, a la vez, con una paz que no es de este mundo, que la muerte terrenal también podía cruzar nuestro umbral, que el Dios en quién creíamos y predicábamos era el Señor y Soberano de nuestros tiempos y de nuestros hijos. Como también lo expresó el salmista: "Pero yo, Señor, en ti confío, y digo: «Tú eres mi Dios». Mi vida entera está en tus manos..." (Salmo 31:14-15 NVI).

Hoy, pasados los años, entendemos que podemos ser puentes de amor y escucha presente desde la compasión y la empatía, entendiendo que esta verdad de 2 Corintios 1:3-5 (NVI), "Bendito sea el Dios y Padre de nuestro Señor Jesucristo, Padre misericordioso y Dios de toda consolación, quien nos consuela en todas nuestras tribulaciones para que, con el mismo consuelo que de Dios hemos recibido, también nosotros podamos consolar a todos los que sufren. Pues, así como participamos abundantemente en los sufrimientos de Cristo, así también por medio de él tenemos abundante consuelo…", nos reconforta en nuestras tribulaciones para que con el mismo alivio que de Dios hemos recibido, nosotros podamos consolar a los que sufren. Esto se convirtió en una realidad en nosotros. Esa vida que recibimos, la podemos compartir con otros. La vida, muerte y resurrección de Cristo se han hecho palpables a través de este dolor y, aunque no se entienda racionalmente, con esperanza eterna.

Me gustaría compartir algunos pensamientos que pueden ayudarte si estás atravesando una situación similar:

1. Cuando llega el dolor hay que atravesarlo, no te lo puedes saltar y, aunque cueste, abraza esta temporada descansando en que tu fortaleza viene de Dios y con la certeza de que estás acompañado. La Palabra de Dios expresa en el Salmo 84:5–6 (NBLA): "¡Cuán bienaventurado es el hombre cuyo poder está en Ti, en cuyo corazón están los caminos a Sión! Pasando por el valle de Baca lo convierten en manantial…". Recuerdo esos días de dolor, de tristeza, de confusión. Te puedo mencionar y hablar de las etapas del duelo que describe, tan bien, Elizabeth Kübler Ross en su libro "Sobre el duelo y el dolor: cómo encontrar sentido al duelo a través de sus cinco etapas", ya que pude atravesarlas todas, como la negación y depresión.

Quizás te preguntes, como yo, ¿pero caminando a diario con Dios, también se vive esto? Claramente, ¡sí! Y solo con Él puedes tener la certeza de que encontrarás la aceptación y la paz.

Jesús nos anticipó en el evangelio de Juan: "Les digo todo esto para que encuentren paz en su unión conmigo. En el mundo, ustedes habrán de sufrir; pero tengan valor: yo he vencido al mundo" (San Juan 16:33 DHH).

Esa palabra lo afirma, solo en unión con Él sería posible avanzar en medio del dolor.

2. Únete a una comunidad de fe. No pierdas la oportunidad de ser animado, consolado, restaurado y servido por la iglesia de Cristo. Sin los hermanos y hermanas en la fe no podría haber superado este trance durísimo. Cada llamada, cada oración por nuestra familia, por nuestros hijos fue un bálsamo de amor preparado por Dios. Recuerdo que me preguntaba... ¿a qué voy a ir a la iglesia? ¿a llorar? Pues claro, a la iglesia se va a llorar. Es el mejor lugar para derramar el alma en Dios y comenzar el camino de la sanidad. Me quedaba atrás, en un rincón, y esas palabras, abrazos, canciones y miradas me iban sanando, día a día, poco a poco.

3. Sigue confiando y aferrándote a la Palabra de Dios. Sus promesas se tornarán en una torre fuerte para tu corazón.

4. No intentes entenderlo todo. Descansa en Dios, derrama tu corazón en Su presencia y sé vulnerable con lo que te sucede.

5. En el medio del caos y el dolor, Su Presencia te sostendrá y, aunque no lo percibas aún, la esperanza de una eternidad se asomará. Recuerdo como si fuera hoy la urgencia por encontrar libros que me hablaran de la eternidad, del Cielo, de a dónde vamos después

de este mundo; eso fortaleció mi convicción de que nos íbamos a ver, a reconocer, a rencontrar, y a cantar juntas a Dios. Me animó a empezar a construir la esperanza.

Tal vez, tu historia sea diferente, y no estás viviendo algo tan traumático. Tal vez tu historia tiene que ver con transitar por alguna enfermedad, tuya o de algún hijo o ser querido, o quizás con alguna ilusión que se rompió. Cada uno tiene su historia, pero todos necesitamos pararnos en algún lado, pararnos en el miedo, en el dolor, o en la Roca que es Jesús y desde allí trabajar intensamente para sanar.

Te dejo por aquí algunas referencias y citas de autores que Dios trajo en esa temporada como lugares donde anclar mi alma.

Uno de los autores es Peter Scazzero, quien en su libro "Discipulado emocionalmente sano" habla de descubrir los tesoros que hay escondidos en las pérdidas y las aflicciones. Menciona cómo las pérdidas hacen que Dios trabaje en nuestro interior, en nuestros procesos emocionales y crecimiento espiritual. Así lo expresa: "Las pérdidas nos permiten descubrir los tesoros que hay escondidos en mis dolores, que contiene los dones que necesito para crecer y convertirme en un adulto emocional y espiritual" (Scazzero P 2002: p 22). Con el paso del tiempo puedes percibir cómo ese dolor trasciende a otras riquezas profundas que ni siquiera podemos expresar en palabras.

Por otra parte, y asociado con este tema, Elisabeth Kübler Ross apunta que hay tres fases que ayudan a procesar la aflicción y las pérdidas: "1) Prestar atención al dolor. 2) Esperar en el confuso intermedio. 3) Permitir que lo viejo dé luz a lo nuevo" (en Scazzero, 2022: p 268).

¿Será que nuestro gran maestro es el dolor? Este párrafo nos habla de una espera y una focalización del dolor, para darle lugar y no obviarlo. Eso nos permitirá reconocerlo y hacer espacio para lo nuevo. Nadie lo puede hacer por ti. El dolor que sea, no desaparecerá, pero se transformará en algo nuevo, con brillo propio, iluminado por Cristo con un determinado propósito.

El profeta Isaías, por soplo divino nos dice: "Te daré los tesoros de las tinieblas y las riquezas guardadas en lugares secretos, para que sepas que yo soy el Señor, el Dios de Israel, que te llama por tu nombre. Por causa de Jacob mi siervo, de Israel mi escogido y te llamo por tu nombre y te confiero un título de honor, aunque tú no me conoces" (Isaías 45:3-4 NVI).

Aún de las tinieblas, de la agonía más profunda, del alma partida en dos, Dios promete darnos riquezas guardadas para mayor revelación de su poder y gloria. Lo maravilloso es que lo personaliza, nos asegura conocernos y susurra nuestro nombre en medio del dolor.

9. CUANDO LA VIDA CAMBIA DE GOLPE

CRIANDO HIJOS QUE ABRAZAN LOS CAMBIOS

Roberto y Andrea Vilaseca

Cambios. Esa fue una constante en nuestro viaje familiar. Cambios de ubicación de comunidades de fe. Al ser llamados a plantar iglesias cada nueva temporada significó recomenzar; y todo un proceso de adaptación, sobre todo para nuestros hijos.

Nuestra primera aventura de fe fue cuando decidimos mudarnos a la ciudad natal de Roberto con nuestros primeros dos hijos. Nicolás de 3 años e Iván de 1.

Dejamos un trabajo seguro, una congregación grande y acogedora, y a casi toda la familia con los abuelos y primos de nuestros hijos.

Solo llevamos una valija cargada de sueños y la convicción del llamado de Dios. Nuestros hijos encontraron refugio en los brazos de los abuelos paternos. Al comienzo Andrea se ocupó de su cuidado, pues Roberto viajaba mucho entre semana para trabajar.

Una vez adaptados a la nueva vida, la primera crisis fue la interrupción del embarazo en estado avanzado de un tercer hijo con deformaciones genéticas. Fue difícil atravesar ese momento, tanto para nosotros como papás como para los chicos.

Luego llegaron tres hijos más y, con ellos, una temporada hermosa en la congregación que estábamos levantando. Pero cuando estábamos en el mejor momento del proceso, y nuestros hijos estaban bien integrados con sus compañeros de escuela, debimos volver a hacer las valijas para regresar a la capital.

Nuestro hijo mayor tenía 18 y el menor 5. La adaptación a un nuevo entorno fue lo más difícil; no solo porque no conocían a nadie, sino por el choque cultural que significó para ellos la forma de vivir de una pequeña ciudad en comparación con la gran capital.

Nuevos compañeros de escuela, nuevos amigos de la congregación y nuevas dificultades para incorporarse socialmente. Cada uno, según su personalidad, se fue adaptando de peor o mejor manera, aún en el proceso de conocerse a sí mismos. Pero a todos nos costó, incluso a nosotros como adultos. Estos cambios hicieron que como familia fuéramos muy unidos, porque solo nos sentíamos seguros en casa.

Tuvimos que trabajar mucho con cada uno para que encontrara su lugar, y no siempre lo hallaron.

En la nueva temporada ministerial nos tocó una situación compleja de transitar: el fallecimiento del pastor fundador de la congregación. El proceso se hizo insostenible con el tiempo, y decidimos volver a plantar una nueva iglesia. El acompañamiento de nuestros hijos fue clave. Ellos nos ayudaron a soñar y proyectar la nueva comunidad, compartiendo nuestro entusiasmo y pasión por llevar adelante la tarea.

Nuestro último hijo creció junto con el progreso de la última congregación que plantamos. Y cuando entró en la adolescencia comprendimos su necesidad de ser parte de un grupo de chicos de su edad, pero en nuestra comunidad no había. Entonces hablamos con un pastor amigo y lo alentamos a que empezara a asistir a esa iglesia. Pasaron algunos años, y hoy ya está de vuelta en nuestra congregación liderando a los adolescentes y sirviendo con su guitarra. Fue necesario advertir que su vida de fe corría riesgo si hubiéramos buscado retenerlo con nosotros.

Los grandes cambios requieren que acompañemos a nuestros hijos con paciencia, aguardando y conteniéndolos en sus procesos. No podemos esperar que reaccionen como adultos, sobre todo cuando esos cambios fueron más impuestos que consensuados.

Si nuestros hijos son pequeños, la asimilación de estas situaciones tiene un cierto grado de complejidad, pero a medida que crecen se vuelve más difícil. Si resulta retador para los adultos, mucho más para ellos que están en pleno proceso de socialización y necesitan sentirse incluidos entre sus pares.

La condición principal para que ellos naveguen estas situaciones es hacerlo en el entorno de un hogar unido, con fuertes lazos, donde el amor, la contención y la estabilidad suplan las falencias externas.

Nosotros como padres, sentimos que Dios nos llevó en los últimos 30 años por un viaje y un peregrinar constante. Como Abraham, nos tocó establecer tiendas a cada paso, abrir nuevos pozos y seguir caminando hacia un nuevo destino. Fue como caminar sin haber llegado a la tierra propia. Gracias a Dios, en el último tiempo, sentimos que ya nos hemos asentado y aquí echaremos raíces.

Hoy nuestros cinco hijos, más las nueras y yerno, adoptamos la cultura de acompañar cada logro individual, celebrar cada acontecimiento y rodear al que atraviesa un tiempo de crisis; reconociendo el valor de pertenecer a una familia con características singulares. Los cambios constantes se han naturalizado entre nosotros. Y nos hemos adaptado a cada uno de ellos a partir de haber aprendido, como padres, a "soltar" a nuestros hijos para que elijan su propio camino.

NO PODEMOS ESPERAR QUE REACCIONEN COMO ADULTOS, SOBRE TODO CUANDO ESOS CAMBIOS FUERON MÁS IMPUESTOS QUE CONSENSUADOS.

Si bien cada hijo casado tiene su propio hogar, buscamos sostener la tradición de mantenernos lo más juntos posible, aunque sirvamos en distintas comunidades de fe, porque hemos podido separar familia de iglesia.

Hemos aprendido algunos principios acerca de nuestros hijos y los cambios. Ya sea que hablemos de un cambio de escuela, ciudad o circunstancias familiares, siempre se tratará de un proceso traumatizante.

Algunos hijos lidian muy bien con lo que se les presente. Para otros, el proceso puede ser más o menos duro. También va a depender, en gran medida, de las características del cambio. Por eso no esperemos la misma actitud de dos hijos a la misma situación. Cada uno tiene su forma de ver la vida, pero estas ideas prácticas pueden ayudar en la adaptación.

Dar aviso sobre las nuevas circunstancias por venir para que nuestros hijos se vayan preparando es fundamental. No es bueno que les demos de la nada la noticia de una transición inminente. Los cambios no son malos, pero se necesita tiempo para dejar de hacer una cosa y empezar otra. Como padres, hemos trabajado para que nuestros hijos tomen determinados hábitos, y los cambios requieren de un tiempo similar. Es sabio darles una advertencia sobre que se aproxima una transformación de su entorno; a la vez que comenzamos a conversar sobre el tema de forma muy general.

No olvidemos sus sentimientos. Para muchos de nosotros, oír a nuestros hijos llorar o verlos teniendo una explosión de rabia es muy difícil. Sentimos su dolor, nos sentimos desconcertados y solo queremos que paren. Debemos tener en cuenta que esa es una reacción muy comprensible cuando llega el momento de adaptarse al cambio. Nuestros hijos necesitan expresar sus sentimientos y nosotros precisamos entender que no hay nada de malo en que ellos sientan lo que sienten. Ese contacto con los sentimientos ayuda a que aprendan a regular su intensidad. Tengamos paciencia y mucho amor. Esto será una gran lección y debemos pasar por ella.

Despertemos la curiosidad de nuestros hijos. ¿Quién dijo que los cambios no pueden ser divertidos? Mostrémosles el lado bueno de la transición. Hablemos sobre las cosas nuevas que pueden experimentar, transformemos su tristeza en curiosidad. Mostremos los puntos positivos del cambio que se avecina. Dejemos que participen en la toma de decisiones y en lo que tenemos planificado. Ejemplifiquemos las diferencias entre el antes y el después. Habrá situaciones donde será más complejo hablar de los cambios.

Seamos muy afectuosos y tengamos expresiones de amor especiales con cada uno de ellos. Todos necesitamos sentir muestras de cariño. Tocar, acariciar o jugar ayudará a nuestros hijos a sentirse seguros. Los abrazos son medicinas para el alma y ayudarán mucho a la hora de adaptarse al cambio.

Dependiendo de la edad y de las preferencias personales de cada uno, podemos sentarnos junto a ellos durante la lectura de un libro o pasar tiempo jugando sus juegos favoritos. Lo fundamental es que sientan que estamos ahí.

En lo posible, no cambiemos la rutina diaria. Los niños tienen dificultad con los cambios ya que tienden a sentirse ansiosos. Les gusta saber de antemano qué va a pasar, por lo que mantener las mismas rutinas de todos los días será importante para todos. Si participan en el proceso de crear una nueva rutina, la cooperación necesaria será mucho mayor.

Continuamente estamos enfrentando situaciones nuevas, cruzando estaciones en nuestra vida, interrelacionándonos con personas diferentes, adaptándonos a circunstancias no esperadas.

A veces Dios no cambia las circunstancias, porque Él está usando las circunstancias para cambiarnos a nosotros. El cambio es la manera en que las cosas pasan y no tiene por qué detenernos o limitarnos. No podemos detener el cambio, y no debemos permitir que este nos detenga a nosotros.

Lejos de ser una amenaza, es la gran oportunidad que tenemos en la vida para avanzar, progresar y transformar las crisis en oportunidades para crecer.

Dios le dijo a Abram: "Vete de tu tierra y de tu parentela y de la casa de tu padre a la tierra que yo te mostraré". Y Dios le dio una tierra abundante y generosa. Luego le dijo a Jacob: "Tu nombre no será más tu nombre Jacob, sino Israel, porque has luchado con Dios y con los hombres, y has vencido". Y lo hizo padre de una nación.

LOS QUE SIEMPRE ESPERAN LO MALO, ES PORQUE NO SE ANIMAN A LIDERAR SUS VIDAS.

A Moisés le prometió: "Yo soy Dios, el Dios de tu padre. No tengas miedo de bajar a Egipto". Y lo transformó en el gran libertador de Israel. Jesús le dijo a Pedro: "Deja las redes y sígueme". Y Pedro se transformó en el líder de la primera iglesia.

Hay personas que se resisten al cambio por temor al fracaso. Otros tienen miedo a lo que podría suceder. Y otros le temen por las demandas que lo nuevo traerá sobre sus vidas.

Hay quienes se resisten al cambio diciendo: "Esta es la forma en que siempre he sido. Tengo estas costumbres, este carácter, estos hábitos y voy a morir así".

Los psicólogos dicen que el 80 por ciento de sus pacientes manifiestan resistencia a cambiar. No cambian.

También están los que se adaptan a los cambios, pero lo hacen como una reacción. Es decir, cambian solo bajo presión negativa. Y, entonces, viven quejándose sobre ser víctimas del mundo y haciendo responsables a los otros de lo que les pasa, culpando a las circunstancias, a Dios o a la vida.

Pero están aquellos que viven con fe, esperan lo mejor y lideran los cambios para que lo esperado se haga realidad.

Jesús fue un líder que produjo los cambios más trascendentes de la historia. Todo fue un antes y un después de Él.

Los que siempre esperan lo malo, es porque no se animan a liderar sus vidas. Es cierto que hay cosas que escapan de nuestras manos, pero la gran mayoría de las situaciones no. Cuando tienes una relación personal con Jesús lo dejas conducir tu vida, y esperas siempre cosas buenas.

Cuando ponemos la vida así, el cambio no es algo amenazador. Si le permitimos a Dios ser el guía de nuestra vida y nosotros lideramos nuestro presente, los cambios solo significan avance.

William Glasser, el psiquiatra autor de la "terapia de la realidad", dice que, en tiempos de cambios, resulta fundamental que cada persona tenga un amigo esencial. Y el cambio más trascendente es tener a Jesús como nuestro mejor amigo, enseñándoles a hacer lo mismo a nuestros hijos. Este es el secreto de vivir con gozo y felicidad.

Siempre estamos en tiempo de cambios, pero de cambios liderados por nosotros. Los cambios para mejor. Los cambios que hacen lo imposible posible.

Busquemos las oportunidades que ofrecen. Están allí, y te llevarán a donde deseas ir. Dios nos creó para el cambio. En tiempos de tantas transformaciones, poder tomarnos de alguien firme, estable, inamovible, fiel, constante, como lo es Dios, resulta en la mayor de las seguridades. Con Dios en nuestras vidas, podemos enfrentar confiadamente cualquier desafío. "Solamente es mi roca y mi salvación, mi fortaleza, no seré conmovido", promete el Salmo 62:6.

¿Qué necesitamos para poder cambiar? Primero, conocer la verdad. La Biblia es como un mapa. Nos muestra por dónde caminar y cómo permanecer en la senda. Nos muestra cuando nos salimos del camino y cómo volver a él. Cuando descansamos en la Palabra de Dios para que nos guíe, nos dará la instrucción y el conocimiento que necesitamos para dar un giro a nuestra vida.

Segundo, un nuevo pensamiento. La batalla para cambiar siempre es una batalla mental. Comienza en la mente, y se gana o se pierde ahí. Efesios 4:23 dice: "En cambio, dejen que el Espíritu les renueve los pensamientos y las actitudes". No vamos a cambiar hasta que nuestros pensamientos y actitudes cambien. Dios quiere que aprendamos a pensar como Jesús.

Si vamos a crecer, tendremos que modificarnos, y esto significa dejar ir algunas cosas viejas con el fin de obtener otras nuevas. Es cuestión de soltar lo viejo para tomar lo nuevo. Se asemeja a aquellos equilibristas que se balancean en un trapecio. El acróbata se balancea sobre un trapecio mientras del extremo opuesto se impulsa hacia él otro trapecio; cuando se encuentran en el medio, el trapecista extiende la mano, toma la nueva barra y suelta la que lo sostenía.

Nosotros hacemos lo mismo. En algún momento, tenemos que soltar la barra vieja para tomar la nueva, o no vamos a llegar al otro lado. Si nos aferramos a las dos barras quedaremos atrapados en el medio y caeremos.

Algunos están atrapados en el centro, y no podrán avanzar porque no han abandonado los viejos patrones, hábitos y maneras de pensar. Tenemos que dejar de lado nuestras costumbres caducas para aferrarnos a lo que nos propone Dios. La Biblia dice que desechemos los malos pensamientos y confiemos en que Dios está obrando en nosotros porque nos da "el deseo y el poder para hacer lo que a Él le agrada".

Tercero, tomar decisiones. No es suficiente con quererlo ni desearlo. Ni siquiera es suficiente con decir: "Sueño con cambiar". Los sueños son inútiles a menos que nos levantemos y tomemos acción sobre ellos. No va a ocurrir hasta que *elijamos* hacerlo. No esperemos a Dios. En realidad, Él nos está esperando a nosotros.

En la vida no hay crecimiento sin cambio, y no hay cambio sin pérdida. Debemos aprender a dejar ir lo que no nos conviene mantener.

Cuarto, rodearnos de personas honestas. No podremos convertirnos en lo que Dios quiere que seamos hasta que pertenezcamos a un grupo que esté buscando una comunidad sincera, donde seamos amados, aceptados y estimulados a ser mejores personas.

Por último, es vital entender que *la columna vertebral de un gran deseo de cambiar es la disciplina*. La disciplina es el puente entre las metas y los logros.

Sin disciplina no podemos crear ni modificar hábitos. Es decir, tenemos que buscar la manera de autodisciplinarnos para desarrollar esta capacidad o habilidad. La autodisciplina es una virtud que se adquiere con constancia. Ser una persona autodisciplinada implica enfocarse en las metas que se desean alcanzar.

Para lograr lo anterior es necesario tener determinación, pero sobre todo hacerlo constantemente hasta que esa virtud se vuelva un hábito.

LA DISCIPLINA ES EL PUENTE ENTRE LAS METAS Y LOS LOGROS.

El Espíritu Santo hará cambios en nuestra vida mucho más allá de lo que pensamos posible, pero no van a suceder de la noche a la mañana. Por medio de la obra del Espíritu Santo y la Palabra de Dios seremos más maduros y resistentes, pero todo sucederá en un proceso. El deseo de Dios es que seamos más fuertes emocional, físico, espiritual y psicológicamente; pero debemos ser intencionales al respecto.

En conclusión, en un mundo cada vez más cambiante, es fundamental enseñar a nuestros hijos a ser resilientes, tolerantes y capaces tanto de ajustarse como de enfrentar los cambios.

Seamos quienes los conduzcan a aprender de sus errores, encontrar soluciones creativas, explorar nuevos intereses, asumir responsabilidades y aprender de los fracasos; esto los ayudará a desarrollar habilidades de adaptación y flexibilidad.

Fomentemos su curiosidad, capacidad de resolución de problemas y apertura al cambio. Desarrollemos su inteligencia emocional. Se trata de contar con la capacidad para enfrentar períodos de transición externos al igual que de manejar las emociones y los desafíos internos.

Cultivemos una mentalidad positiva y de fe. Esto los ayudará a encarar mejor los obstáculos y promover su propio bienestar. Los padres podemos modelar una actitud positiva, enseñar a nuestros hijos a practicar la gratitud y cultivar una mentalidad de aprendizaje; enfocándonos en el esfuerzo y el progreso más que en los resultados. Los cambios son nuestro aliado para crecer a la estatura de Cristo. Se trata, finalmente, de ayudarles a que cada uno alcance todo el potencial con el que han nacido y puedan desarrollarlo para cumplir con el propósito de hacer un mundo mejor.

10. PREPARÁNDOLOS PARA VOLAR

SOLTAR CON FE, MIRAR CON GRATITUD

Fernando Grillo

Me encanta desafiar la creencia popular sobre frases como las que titulan este capítulo.

"Preparándolos para volar" es una afirmación que, aunque suena poética, no es completamente precisa en términos biológicos; pero me sirve de inspiración para construir este capítulo desde lo que sugiere el título: nuestra propia experiencia y resultados en primera persona.

Sería una equivocación de mi parte querer hacer de este texto un patrón para copiar y pegar, como si fuera una fórmula mágica que aplicar a tu vida de padre en la relación con tus hijos; o para que si algún hijo se acerca a este texto intente aplicarlo en el vínculo con sus padres.

Este texto es una ruta de experiencias y testimonios que busca inspirar el corazón de los lectores, ya sean padres, madres, hijos o padres en potencia, ¡este texto quiere ser una ruta para generar esperanza y desarrollar una mirada de expectativa y posibilidad, sea cual fuere el lugar donde te encuentres!

TODO COMIENZA EN EL NIDO

Construyendo la idea desde la perspectiva de la naturaleza, para los pájaros los nidos representan el lugar de reproducción, protección y seguridad, así como de incubación y cuidado; son un espacio territorial, y a la vez una expresión de creatividad y adaptación. Esta definición me recuerda un dicho que usamos en Argentina: "Cada casa es un mundo". Esta frase nos invita a ver en cada hogar un espacio único, sin comparaciones ni imposición alguna de estándares externos. Así como cada nido, según la especie de ave, puede ser más o menos sofisticado, así nuestros hogares son la representación de estos espacios únicos, incomparables y llenos de características que responden tanto a nuestra especie como a nuestra genética y epigenética.

Cada casa, cada familia, necesita ser contemplada desde la cosmovisión de su propia historia y legado recibido. Un hornero no puede pensar en construir su nido comparándose con los pájaros tejedores... Cada familia necesita encontrar su expresión a la hora de construirse como un hogar.

En nuestra función de pastores, junto con mi esposa Naty, siempre que tenemos la oportunidad de acompañar familias en su proceso de restauración, una frase que suelo usar es "Más allá de tu pasado y de lo difícil que parezca el futuro, ustedes pueden ser el punto de inflexión de su familia. Un punto y aparte en una historia de derrota, malas experiencias, frustraciones y pérdidas". Buscando una historia que ayude a reforzar esta frase recordé al conferencista Simon Sinek en su charla TED "Golden Circle: How Great Leaders Inspire Action".

En esta charla Sinek cuenta cómo los "grandes líderes" consiguieron ser quienes fueron a pesar de que sus condiciones y contextos se veían imposibles de superar. Sinek enfatiza que ninguna de estas personas fundamentó sus logros en lo que hacía, ni siquiera en cómo lo hacía, sino que la diferencia radicaba detrás de cada historia: *por qué* hacían lo que hacían, dónde apoyaban su motivación, cuál era la fuente de su inspiración o el motor que impulsaba su marcha. Hasta una "gran y oscura verdad" puede ser tu fórmula para hacer la diferencia.

Supongamos que mi gran y oscura verdad es: en mi familia ninguna pareja prosperó en su matrimonio, todas terminaron quebrantadas por divorcios o adulterios. Esta es una muy mala noticia... pero qué tal si a esa dura descripción de la realidad podemos sumarle una declaración que desate un *plot twist*, un giro en la trama, quedando en algo como: a pesar de la oscura realidad y el legado que me dejaron las anteriores generaciones en mi familia, a partir de mí la historia cambia; de ahora en adelante, y hacía las generaciones que vendrán, vamos a ser familias que se amen, cuiden, elijan, protejan, sean fieles y construyan de cara al futuro.

CAMBIANDO NUESTRA MANERA DE PENSAR ES CÓMO VAMOS A CAMBIAR NUESTRA MANERA DE VIVIR.

Escuché una vez una frase que me ayudó a transformar la forma en la que me expresaba y, de manera subyacente, la forma en la que pensaba; te la comparto: "Nuestras palabras generan realidades". Si a lo anterior le sumamos un texto bíblico, reforzaremos el concepto desde una mirada más familiar: "Las palabras matan, las palabras dan vida; o son veneno o fruto, tú eliges" Proverbios 18:21 (MSG).

No sé si tenga sentido para tu vida o historia familiar, pero en mí, y por consecuencia en mi familia, esta mentalidad fue determinante para lo que hoy *estamos siendo*. Esta verdad en mi vida no fue un mantra o un conjuro mágico; como dice un texto muy conocido que escribió el apóstol Pablo a una iglesia en Roma: Cambiando nuestra manera de pensar es cómo vamos a cambiar nuestra manera de vivir. En mi caso la transformación no fue solo hablar distinto, sino pensar y actuar distinto.

Quiero hacer una primera pausa en tu lectura y dejarte dos preguntas para que reflexiones.

¿Qué palabras estoy usando sobre mi vida y mi familia? ¿Estoy repitiendo la historia o escribiendo una nueva?

Hablando sobre generar realidades a partir de nuestras declaraciones, quiero subrayar un concepto que compartí en el párrafo anterior y que fue importante en mi proceso de transformación. Quiero reforzarlo porque quizás pueda ser un insumo interesante para tu propio proceso: *estar siendo*.

"*Estar siendo*" es una declaración que nos permite entender el carácter transitivo de nuestra propia historia. Es la forma en la que no me anclo a una manera de ser o estar, sino que comprendo que lo que hoy *estoy siendo* no es una constante para toda mi vida, sino un escalón —más bajo o más alto— en el camino. Desde mi mirada, saber dónde estoy es muy importante para entender si quiero permanecer ahí o si es únicamente una estación por la que estoy transitando hacia a un destino más brillante. Porque es muy diferente *estar siendo* que *ser*.

¿Cómo te resuena la diferencia entre estas dos frases?

- "Siento que soy un fracaso como padre/madre/hijo/hermano".
- "Hoy siento que estoy siendo un fracaso como padre/madre/hijo/hermano, pero...".

La primera es absoluta y nos ancla a la realidad que estamos viviendo como si fuera una sentencia inamovible. En cambio, la segunda no busca negar la realidad, sino abrir posibilidades. Nos recuerda que, aunque hoy estemos atravesando una situación difícil, ese no es nuestro destino final.

Quiero desafiarte a que empieces a prestar atención a tu manera de hablar sobre ti, tu familia, tus hijos y tu futuro; a que puedas contemplarte desde una mirada de gracia, tal como Jesús nos mira. Una mirada de posibilidad. Decidiendo si el punto de tu historia es un punto final o un punto y aparte.

Te dejo una pregunta para que empieces a ejercitar ese nuevo músculo en tu camino de transformación.

¿Qué frases vengo repitiendo sobre mi vida y mi familia que necesito reformular para abrirme a nuevas posibilidades?

ERROR 404: MÉTODO NO ENCONTRADO

Es famosa la frase: "En la carrera de ser padre, te dan el título antes de rendir el examen". Y eso, de alguna manera, es un "Error 404" en sí mismo: te dan el título, pero la experiencia te demuestra que el "método" que creías conocer no funciona como esperabas. Esta frase es brutalmente cierta. Más allá de mi propia historia familiar —habiendo crecido con padres pastores que enseñaban sobre crianza y familia—, cuando me tocó el protagónico de ser *"papá Fer"*, se me quemaban los papeles.

Creí que el método de crianza era un simple copiar + pegar, tal como lo había aprendido en mi propia infancia. Nunca antes lo había cuestionado, porque cuestionar era pecado. Pero *cuestionarme* me hizo ver *mi* pecado... porque, en realidad, lo vivido en mi propia experiencia resultó ser un software no compatible con el hardware de ese tiempo en mi vida.

En nuestra historia de vida y familia, todo tiene que ver con *dónde elegimos afirmarnos*. Toda historia cambia cuando establecemos a Jesús como nuestro fundamento. Él se convierte en un parteaguas, no solo en la historia de la humanidad, sino también en la historia de nuestras familias.

En esta etapa es donde necesito sacar el comodín usando mi versículo favorito: Mateo 6:33.

"Busquen el reino de Dios por encima de todo lo demás y lleven una vida justa, y él les dará todo lo que necesiten".

Me siento afortunado por las añadiduras que he recibido, las cuales se ven materializadas tanto en la vida de mi esposa como en la de los hijos que Dios nos dio. Pero, sinceramente, que Cristo sea el centro, fue y sigue siendo determinante en la construcción de la familia que hoy somos.

MISMA ESPECIE, DIFERENTES CARACTERÍSTICAS

Quizás hayas escuchado la pregunta: "¿Por qué me pasa esto con este hijo, si lo traté igual que a sus hermanos y le di lo mismo que a los demás?". O tal vez esa misma pregunta sea la que te trajo a estas páginas, buscando respuestas que no encontrabas.

Lo interesante de esta pregunta es que, en sí misma, tiene un tesoro escondido. Porque, en ella misma encontramos su respuesta.

Aunque parezca absurdo, me llevó tiempo comprender que cada uno de mis hijos era un ser humano único. Y, como tal, individualmente necesitan un trato especial, una atención particular según sus propias necesidades y una expresión de amor de la manera en que realmente se sienten amados.

Como padres, recibimos de Dios el regalo de criar hijos totalmente diferentes entre sí. Y aunque esto pueda parecer desgastante, o incluso absurdo, te propongo esta mirada: el mayor regalo que Dios te dio —y que se expresa en la vida de cada uno de tus hijos— es que, al ser distintos, individualmente necesitan de ti una atención dedicada. Esto se manifiesta en una expresión de amor *customizada*, a la medida de cada hijo, aprendiendo que amar a otro no se basa en lo que *para mí* significa el amor, sino en lo que *para el otro* se siente como amor.

Este principio tiene muchos matices y formas de aplicación, lo sé... Pero atender la manera en la cual el otro se siente amado me permite conectar con su necesidad de cercanía, desarrollar conversaciones, y fortalecer el entramado de una relación que se teje para permanecer en el tiempo. No solo para mí, como el que ama, sino para el que *está siendo amado*.

MI PRIMERA IGLESIA

Tal como sucede con las aves migratorias, necesitamos identificar la temporada en la que nos encontramos para saber en qué etapa del nido estamos. Hay momentos de nidos de gestación, nidos de cuidado, de desarrollo, y otros más son nidos de transición. Pero sea cual sea el momento, no debemos confundir cuál es nuestro verdadero nido.

No sé cuál sea tu realidad y relación con la iglesia, pero en mi vida personal como pastor de una comunidad de fe, estando en este camino de vida que escogí transitar junto a Naty, mi esposa, durante mucho tiempo confundí cuál era nuestro nido. Mi confusión radicaba en no entender en qué temporada nos encontrábamos. Aunque sabía que estábamos en tiempo de gestación, cuidado, desarrollo o transición, equivocaba la fuerza y el tiempo que invertía en un lugar; tenía prioridades y responsabilidades claras, pero la intensidad y el enfoque estaban desbalanceados.

La frase completa que iría en esta parte del capítulo desde mi nueva cosmovisión de vida y fe debería ser: *Mi familia, mi primera iglesia*. Con esta declaración quiero sacudir un poco las creencias que se desdibujan especialmente en Latinoamérica, pero tampoco tan lejos de mi vida y recorrido personal.

Durante muchos años, por confusión o ignorancia, mi pasión y amor a Jesús, expresados a través del servicio y el compromiso con las actividades (o por qué no, el activismo) me llevó por mis propias decisiones, y digamos que también por el "efecto de vórtice", a equivocarme. El "efecto de vórtice" es un fenómeno aerodinámico que beneficia la reducción de la resistencia del aire gracias a la estela generada por las aves en la vanguardia. Este es un fenómeno de inercia, porque las aves siguen la estela sin tener que ejercer tanta fuerza para mantenerse en el aire. Y aquí está el punto: ¿estamos siguiendo la formación en "v" por inercia, con la convicción de que estamos en el lugar y temporada correctos?

No estoy olvidando lo que el evangelio de Lucas dice en un pasaje tan fuerte como: "Si alguno viene a mí, y no aborrece a su padre, y madre, y mujer, e hijos, y hermanos, y hermanas, y aun también su propia vida, no puede ser mi discípulo". Pero quiero invitarte a leer este pasaje desde la perspectiva de que Jesús no estaba diciendo que literalmente había que odiar a la familia o abandonar todo por irresponsabilidad, sino que nada —ni posesiones, ni relaciones, ni la vida misma— debía estar por encima de la entrega total a Él.

NADA —NI POSESIONES, NI RELACIONES, NI LA VIDA MISMA— DEBÍA ESTAR POR ENCIMA DE LA ENTREGA TOTAL A ÉL.

En este punto, me viene a la mente una anécdota familiar que está casi indeleble en mi memoria. Hace ya muchos años, uno de mis hijos, en la ingenua sabiduría de los niños, después de contemplarme fijamente por unos minutos sin que yo lo notara, soltó una pregunta que me llamó a salir del modo automático y a pensar bien, sin dudar...

Aquí va la pregunta: "Papá, ¿a quién amas más, a mamá o a Dios?". En ese momento, sentí interiormente como si el mundo se hubiera puesto en pausa esperando mi respuesta. Parecía que la eternidad estaba sucediendo en ese mismo instante, pero creo que fue el Espíritu Santo quien me impulsó a dar una respuesta que, aunque cierta, fue difícil de organizar de esta forma.

Mi "heroica respuesta" fue: "Hijo, porque amo más a Dios, puedo amar mejor a mamá".

¿Cuál es el punto que quiero expresar con esta anécdota? Entendiendo cada temporada, así como las prioridades y nuestras responsabilidades parentales, necesitamos saber que amar y priorizar a Dios es hacer y ser la iglesia que Jesús veía cuando hizo referencia a ella con sus discípulos; construyendo una familia que se expresa con los valores de un reino que, desde la misma expresión de Dios, se muestra como un trino organizado entre Dios Padre y un Jesús Hijo que hacía y decía todo lo que escuchaba en sus íntimas y profundas conversaciones.

Lamentablemente, aunque esto parezca una obviedad, en mi experiencia de vida pastoral y de iglesia he visto decenas de familias quebradas por falta de prioridades, por hijos heridos por el sistema eclesiástico y, como consecuencia, identificando a Dios y a la iglesia como los responsables y enemigos; encargados de "robarles el amor y el tiempo de sus padres". He visto hijos de pastores rotos en su relación con sus papás y, por lo tanto, con un sesgo total en la forma en que se relacionan con Dios Padre, y con el Espíritu que nos impulsa a decirle ABBA, papito querido.

La mejor manera de testificar acerca del Dios que tenemos es siendo familias que se aman, que se eligen, que se cuidan, que entienden las distintas temporadas de formar un nido. Porque, de esta manera, tal como lo expresó Juan en su evangelio, citando a Jesús: "Así que ahora les doy un nuevo mandamiento: ámense unos a otros. Tal como yo los he amado, ustedes deben amarse unos a otros".

La pregunta que me surge es:

¿Cómo estamos mostrando en nuestra primera iglesia cuánto amamos a Dios?

En otra oportunidad, ese mismo hijo que me hizo la pregunta antes mencionada, siendo de noche y ya estando en su cama listo para dormirse, me dijo: "¿Papi, puedes venir a orar con nosotros antes de que nos durmamos?". Yo recién había llegado a casa, después de una jornada súper agotadora de trabajo, y seguido a esto me había ido a un encuentro de organización en la comunidad de fe en la que en ese momento servía. Mi respuesta en automático fue:

"Hijo, oren entre ustedes, junto con tu hermano. Papá está cansado, fue un día duro para mí, los amo". Digamos que mi respuesta fue empujada por el "efecto de vórtice". Pero tranquilos, la historia no terminó ahí.

Seguido a eso, me di media vuelta y comencé a caminar hacia mi cuarto, y en ese mismo instante el Espíritu Santo me hizo otra pregunta: ¿Y si en este mismo instante recibes un llamado de un hermano de la iglesia pidiéndote que ores por él, qué harías? ¡Ups!

Dios me confrontó en amor con esa intervención. Me amó a mí y amó a mis hijos corrigiendo el rumbo de mi vuelo en el momento, porque lamentablemente mi respuesta a esa pregunta del Espíritu Santo fue: "Claro que sí, oraría por el hermano. Soy pastor, es mi responsabilidad".

Esta historia me llevó al lugar correcto, en el momento indicado. La vuelta de 180 grados que había comenzado a dar para ir hacia mi cuarto se convirtió en un giro completo de 360 grados, entrando nuevamente en el cuarto de mis hijos. Les pedí perdón, me puse de rodillas en medio de sus camas, y oramos juntos en ese mismo lugar; en esa misma habitación donde estaba pastoreando mi primera iglesia.

NIDOS QUE INSPIRAN HORIZONTES

No olvido el enfoque de este capítulo, pero, sin dudas, la estabilidad de la plataforma de despegue para la vida de nuestros hijos tiene su fundamento en la seguridad de quienes llevamos la responsabilidad de criarlos.

Criamos desde la base en la que estamos parados. Nuestra salud emocional, nuestra salud social y las herencias de nuestra propia infancia —que se reflejan en la manera en que somos—, así como nuestros temores, modelos mentales, inseguridades o convicciones... Cada uno de estos elementos se entreteje en la trama de nuestro nido, el lugar donde todo sucede.

Creo que el nido es el espacio de cuidado previo para que el vuelo sea disfrutable y seguro. O, al menos, debería serlo en una familia que basa sus fundamentos en una vida de fe en Jesús, con todos sus aciertos y posibilidades de mejora.

Hace algunos meses, escuché a la Lic. María Elena Mamarian, psicóloga familiar y autora de varios libros, decir una verdad que muchos hemos asumido o estamos procesando, pero que sigue siendo casi un tabú dentro del mundo cristiano. Planteaba un escenario en el que afirmaba:

"Todos nosotros venimos de familias imperfectas y formamos familias imperfectas".

Y continuaba diciendo:

"Muchas veces terminamos culpándonos por esto, pero no debemos olvidar que Dios sufre al igual que nosotros, como un Padre 'fracasado' en relación con sus hijos. Necesitamos asumir nuestra imperfección, porque a veces, en el intento de ser perfectos o de esforzarnos más y más, lo único que logramos es frustrarnos".

CRIAR NO ES TAPAR LOS OJOS, SINO ENSEÑAR A VER

Recuerdo otra anécdota en la que, por tener mi auto en reparación, me tocó andar en transporte colectivo. Fue una experiencia poco frecuente para mí, y esa vez viajaba con uno de mis hijos.

Mientras esperábamos en la estación, había otras personas aguardando con nosotros. Entre ellas, cuatro adolescentes de no más de 15 años, que decían obscenidades mientras se besaban con una intensidad tal que, incluso a mí —que llevaba más de diez años de casado en aquel momento—, me incomodaba presenciar.

En medio de esa circunstancia, estaba mi hijo, que no tenía más de 8 años. Instintivamente, sentí la necesidad de taparle los ojos y los oídos al mismo tiempo. Pero, en ese mismo instante, me invadió una pregunta:

"¿Cómo podré evitar que mi hijo se exponga a este tipo de situaciones? ¿Cómo puedo hacer para que esto no le suceda?".

Y otra vez, el Espíritu Santo interrumpió mis pensamientos. En medio de mi incertidumbre y desesperación, me susurró al oído:

"Enséñale a decidirse por lo bueno. No vas a estar siempre a su lado para protegerlo".

Más allá de nuestros errores y fracasos como padres en esta sociedad, necesitamos entender que nuestra mayor oportunidad está en capitalizar cada momento en la ventana de receptividad y aprendizaje de nuestros hijos.

Necesitamos establecer dentro de casa, en la cultura de nuestro hogar, los principios necesarios para que, ya sea en pleno vuelo o en tierra firme, nuestros hijos tengan las herramientas necesarias para saber elegir lo bueno.

Darles un marco de amor y de cuidado a prueba de fallos.

Fue muy útil para mí no dejar de lado la perspectiva espiritual en el proceso de crianza y preparación de nuestros hijos. Así como Dios nos confió el regalo de acompañar la vida de cada uno, también tenemos que devolverle el favor; confiando en que, aunque no logremos acompañarlos todo lo que hubiéramos deseado en el tiempo que compartimos el mismo nido, la influencia divina va a ser clave en la formación de su carácter y propósito de vida.

Conocemos la historia de José, uno de los 12 hijos de Jacob. Todo lo que ese muchacho vivió desde su adolescencia fue, en gran parte, el intento de su padre por darle lo mejor.

Si seguimos la línea de tiempo con atención, podemos ver que Jacob, poniendo todo de sí, logró darle educación y formación cultural por encima de sus propios hermanos. Casi al final de su carrera, como segundo al mando en la casa del faraón, José reunió poder y sabiduría. Pero solo en el camino con Dios pudo desarrollar su carácter, y esto lo preparó para estar en el lugar correcto, en el momento justo, y cumplir así el plan divino en su vida; por encima tanto de sus propias expectativas como las de su padre.

Estoy seguro de que, en la vida de cada uno de mis hijos, podríamos haberles dado mucho más de lo que les dimos como padres. Mejores posibilidades de estudio, más y mejor tiempo de calidad, hasta una mejor crianza. Hoy, hay cosas de las que me arrepiento, errores que pude identificar y no volvería a cometer, y por los cuales ya les pedí perdón a cada uno.

ESO IMPLICÓ, MUCHAS VECES, LIBERARLES DEL PESO DE LA OBLIGACIÓN DE ENCAJAR EN LO QUE OTROS ESPERABAN DE ELLOS.

Sin embargo, algo que sí sé es que el fundamento nunca fue corrompido. Nuestra familia camina en la centralidad del amor de Jesús. Nuestras prioridades siempre estuvieron en una plataforma de vida y fe. Aun en medio de las demandas sociales y del contexto —siendo hijos de pastores y expuestos a la expectativa de los demás—, entendimos que el mejor plan para cada hijo no es cumplir con las proyecciones ajenas, sino ser quienes Dios los llamó a ser dentro de Su gran propósito. Eso implicó, muchas veces, liberarles del peso de la obligación de encajar en lo que otros esperaban de ellos.

"Prepararlos para que vuelen" es una frase que, en ocasiones, puede sonar utópica. Muchas veces, refleja más nuestras propias expectativas sobre lo que creemos que nuestros hijos deberían ser o hacer, en lugar de enfocarnos en lo que Dios diseñó para sus vidas y su futuro.

Mi mayor deseo para la vida de mis hijos fue que siempre encontraran en mí a un padre que los apoyase en sus sueños. Acompañarlos con un consejo, pero sin juicio. Que pudieran ver que preparé un escenario donde tienen la libertad de bailar al ritmo de la música que individualmente elijan; para así dar el mayor espectáculo de sus vidas siendo auténticamente quienes son, en el rol que les toca interpretar.

EN EL BORDE DEL NIDO

Mientras el capítulo termina, dejo algunas reflexiones que forman parte del viaje de la vida, aquellas que también recorrí como padre junto con mis hijos.

Es una bendición ser el papá de mis hijos, poder mirarlos a los ojos y decírselo, así como lo escribo: "Es una bendición ser su papá, Maru, Bru y Jero". Fue una bendición darles herramientas para que pudieran construir sus propias vidas. Fue hermoso haberlos dejado decidir, aun cuando pensaba que se equivocaban, y aprender juntos en el proceso, acompañándolos en sus aciertos y derrotas.

Fue un gran desafío, pero hermoso a la vez, motivarlos a pensar hacia dónde ir en la vida, sin manipularlos para que eligieran la ruta que me diera tranquilidad a mí. Fue difícil, pero valioso, quitarles las rueditas de la bicicleta de la vida; siempre atento a su equilibrio, mirándolos de cerca y estando listo para aplaudirles o para abrazarlos en las caídas y aprendizajes diciéndoles que todo va a estar bien. Y mientras esperábamos que sanaran las heridas, acompañarlos en la espera hasta intentarlo otra vez. Fue bueno llorar juntos, aprender a soñar sus sueños juntos, orar juntos. Fue lindo darme cuenta de que había llegado la temporada en la que ya no éramos más papá, mamá y sus hijos pequeños, sino que ya eran adultos, y podía escuchar sus palabras y consejos, que también se volvieron medicina y dirección para mí.

Fue un alivio aprender la frase: "*Abrázalos cuando menos lo merezcan, quizás sea cuando más lo necesiten*", porque pude sanar a mi niño interior, enfocándome en quienes eran mis hijos, más allá de sus actos de rebeldía. En medio de esos momentos, abrazarlos y amarlos me permitió ser testigo de la medicina que Dios traía a nosotros en esa conexión tan profunda.

Fue bueno aprender a celebrar sus esfuerzos, independientemente de los resultados. Es hermoso haber hecho del perdón un mantra en nuestra familia.

Mi viejo me decía una frase que me enojaba: "Son una versión corregida y aumentada". Hoy la resignifico y le sumo: cada día son una versión corregida y aumentada de ustedes mismos, buscando ser más parecidos a Jesús y a nadie más.

Aprendimos, y amamos vivir con una actitud de mano abierta; siempre dispuestos a soltarlos en su vuelo con la esperanza de que, cuando regresen, elijan nuestra mano como nido.

EL LEGADO CONTINÚA

Daniel y Misty Escobar

Daniel

Estamos a solo unas palabras de cerrar esta aventura juntos. A lo largo de estas páginas, hemos compartido historias, reflexiones y aprendizajes que, en lo personal, me han desafiado y motivado a seguir creciendo en la increíble travesía de la crianza. Si algo quiero que quede grabado en tu corazón es esto: nuestros hijos son un regalo de Dios, un reflejo de nuestro amor, valores y esfuerzo. Un día, extenderán sus alas para descubrir su propósito, y nuestra mayor misión como padres es equiparlos para ese vuelo.

Podría compartir muchas más historias que hemos vivido con nuestros hijos; como cuando viajamos a Argentina con 22 maletas y terminamos riéndonos de nosotros mismos en el aeropuerto; o la primera vez que fuimos en un crucero y sus rostros reflejaban una felicidad que nunca olvidarán; o aquel día en que, de sorpresa, les dijimos que iríamos a ver a Messi jugar, y la incredulidad en sus ojos se transformó en una emoción indescriptible. En cada una de estas experiencias podríamos haber puesto excusas: el trabajo, los compromisos en la iglesia, las responsabilidades diarias... Pero las ocupaciones siempre estarán ahí, el ministerio seguirá, los deberes nunca terminarán. Nuestros hijos, en cambio, solo estarán bajo nuestro techo por unos pocos años, y no quiero perderme la oportunidad de disfrutarlos al máximo.

Por eso, te animo a seguir tejiendo tu trama, con lo que traes, y de manera intencional. A dejar de lado aquello que te roba momentos valiosos con tus hijos. A construir vivencias que queden grabadas en sus corazones para siempre. Porque esos recuerdos fortalecerán tu relación con tus hijos al mismo tiempo que serán la base de un vínculo inquebrantable en tu familia.

Al final del camino, los bienes materiales se desvanecen, pero nuestros hijos son el verdadero legado que dejamos en la tierra. Ellos llevarán nuestro recuerdo, enseñanzas y amor mucho más allá de nuestra propia existencia. Cuando nuestra historia llegue a su última página, el capítulo más importante no será aquel sobre lo que logramos o acumulamos, sino sobre cómo impactamos la vida de nuestros hijos.

Como seguidores de Cristo, tenemos una responsabilidad aún mayor: ser luz en la vida de nuestros hijos. Mateo 5 nos recuerda que somos llamados a ser la luz del mundo, y no hay lugar donde esta luz deba brillar más intensamente que en nuestro hogar. Nuestros actos, palabras y decisiones moldean la manera en que nuestros hijos conocerán el amor de Dios. Ellos aprenderán más de nuestra fe a través de nuestras acciones que de nuestros discursos.

No olvidemos que Dios es nuestra guía en este camino de la crianza. Podemos leer libros, escuchar podcasts y educarnos constantemente en este tema, pero la sabiduría más grande vendrá siempre de Él. Busquemos Su dirección, pidamos discernimiento y sigamos siendo esos padres, mentores y modelos que nuestros hijos necesitan.

Hoy tal vez nuestro rol es llevarlos de un lugar a otro, ser su apoyo y su guía. Pero llegará el día en que tomen el volante de sus propias vidas. Y lo que hemos sembrado en ellos determinará cómo conducen ese camino. Asegurémonos de que estén listos, de que tengan un mapa claro y, sobre todo, de que sepan que siempre contarán con nuestro amor y con la dirección de Dios.

Misty

Entre todas las parejas que escribimos juntos este libro, hay un total de 17 hijos que van desde los 14 a los 35 años de edad. La mayoría de ellos ya han tomado el volante de sus vidas y han comenzado a escribir sus propias historias. Tres de ellos ya son padres, extendiendo el árbol genealógico.

Al desarrollar el concepto y plan para escribir este libro, todos los padres decidimos que sería muy valioso escuchar a nuestros hijos. Que nos cuenten lo que para ellos significa la familia. Lo que aprendieron de sus padres. Lo que repetirán y lo que tal vez no. Hay una frase que escuché hace muchos años: *Nuestro techo, su piso*. Hemos permitido que esto sea uno de nuestros lemas. Un deseo muy profundo que tenemos para nuestros hijos es que lleguen más lejos de lo que nosotros jamás hemos llegado. Como padres, nos esforzamos por hacer lo mejor que podemos para darles nuestro amor incondicional mientras compartimos con ellos lo que hemos aprendido a través de la experiencia y sabiduría dada por Dios. Pero no queremos que se detengan allí, queremos que nuestras victorias y nuestros logros sean su punto de partida. Un catalizador para enviarlos a alturas que nunca soñamos. *¡Nuestro techo, su piso!*

Todos nuestros hijos (entre las cinco familias) están en diferentes etapas de vuelo. Les invitamos a que sigan leyendo y escuchen sus voces. Sus palabras crean una imagen figurativa del micelio que Naty mencionó en la introducción. Las intrincadas redes debajo de la superficie de la tierra sirven como metáfora de las estructuras familiares, tanto visibles como invisibles. Así como el micelio conecta y sostiene la vida dentro de un ecosistema, las raíces familiares forman una red entrelazada de apoyo, memoria y legado. Estos son nuestros hijos, y sus historias continúan tejiendo nuestras tramas familiares.

LO QUE ELLOS TIENEN PARA DECIRNOS

NUESTROS HIJOS HABLAN

Los hijos Acosta, Escobar, Grillo, Sánchez y Vilaseca reflexionan sobre su crianza y proyectan su propia paternidad a futuro.

1. ¿CÓMO DESCRIBIRÍAS LA FORMA EN QUE TUS PADRES TE CRIARON?

Jerónimo Grillo (22 años)

La crianza que pude experimentar fue de apoyo a mis sueños y proyectos, así como un acompañamiento en los momentos buenos y malos, pero, sobre todo, basado en la fe, el amor a Dios y una búsqueda de Su palabra permanente.

Jazmín Acosta (16 años)

Me criaron siempre con límites y mucho amor. La comunicación fue clave en nuestra relación, poder hablar las cosas por más difíciles que fueran, con sinceridad ante todo.

Juan Manuel Acosta (20 años)

Mis papás me criaron con muchos valores, lo cual tuvo un impacto muy positivo en mi vida. Desde pequeño, me enseñaron principios como el respeto, la bondad, la honestidad y la importancia de ayudar a los demás. Gracias a su orientación, aprendí a valorar la empatía, la compasión y vivir con propósito. Estos valores me han guiado a lo largo de mi camino y han formado la base de quien soy ahora: una persona buena, respetuosa y comprometida con el bienestar de los demás.

Nicolás Vilaseca (34 años)

Mis padres me criaron con valores cristianos muy firmes, enseñándome desde chico la importancia de la fe, la familia y el respeto por los otros. Siempre nos inculcaron que Dios debía ser el centro de nuestras vidas y que ayudar era una misión importante. Crecí en un pueblo que se llama Junín, donde la vida es más tranquila y la comunidad muy unida. Mis padres nos enseñaron a valorar las cosas simples, a ser agradecidos por lo que tenemos y a confiar en Dios en todo momento.

Pamela Sánchez (27 años)

Si tuviera que elegir tres conceptos fundacionales de la crianza de mis papas serían: 1. Pararme sobre sus hombros y así ver mucho más lejos; pues siempre impulsaron en mí una conversación desafiante con el fin de expandir mis horizontes, o aun mis expectativas, para ver mucho más allá y animarme a desarrollar plenamente el propósito de Dios en mi vida. 2. ¡La vida en la segunda milla siempre es mejor! Nuestra casa siempre fue la casa del pueblo y las navidades un espacio para que quien se quedara solo pudiera tener una familia. Las vacaciones de invierno son una oportunidad para hacer arte y evangelismo. Y así incontables ejemplos en los que la vida compartida con otros, en comunidad, se disfruta mucho más, y a eso nos llama Jesús. Por último (y más importante): 3. Jesús al centro, no la iglesia, no el servicio, no la música. Sino Jesús. En cada temporada, más cerca o más lejos, apuntar a Jesús siempre fue la meta de mis padres.

Marina Grillo (28 años)

Mis padres me criaron con los mejores recursos que tuvieron. La palabra que me sale para describir ese período es: obediencia. Siendo una persona adulta y volviendo a repasar mi crianza, quizás no es lo que yo elegiría en cuanto a formas. Pero algo que veo es que ellos en todo momento obedecieron a Dios, y tuvieron temor de Él a cada paso de nuestra crianza.

Samuel Escobar (17 años)

Me criaron unos padres maravillosos. Hicieron todo lo posible por mí y me amaron durante todo el proceso. Los admiro y los amo sinceramente por todo lo que han hecho.

Bruno Grillo (26 años)

Lo que más destaco de la forma en que mis padres me criaron es la intención de su corazón y el amor guiado por Dios en cada enseñanza, corrección e instrucción que me dieron; así como en el ejemplo que reflejaron. Más allá de la situación familiar, económica, o los errores de los que quizás luego se arrepintieron, siempre buscaron abrazarnos con amor por sobre todas las cosas. Nos enseñaron lo esencial de confiar en Aquel que cuida de nosotros, permitiéndonos disfrutar de cada momento compartido.

Franco Vilaseca (20 años)

Mis padres me criaron de una forma en la que me sentí escuchado, guiado y acompañado en lo que quería hacer, impulsado a ser más en todas las áreas de mi vida. En particular, yo soy el menor de cinco hermanos y aun así dieron todo por mí como si fuera el primero.

Julián Sánchez (29 años)

Me criaron en un ambiente lleno de amor y libertad.

Michelle Escobar (22 años)

Mis padres me criaron para ser una buena adulta, una persona que se mantuvo firme en cada etapa de la vida, aferrándose a los valores de las Escrituras y la verdad de quién es Él. Siempre sentí que estaban más interesados en enseñarme a amar la sabiduría, elegir la madurez y soportar fielmente el camino para convertirme en la mejor Michelle que pudiera ser. En las épocas en las que tuve dificultades, o decidí no hacerlo bien, me desafiaron; eligieron hablar vida a las cosas que había dejado marchitar, y verme a través de la lente de las promesas que Dios había pronunciado sobre mí desde que era niña. Siempre eligieron ser padres de la "manera difícil", y con esto me refiero a la manera en que la mayoría de los padres no eligen. Con la menor cantidad de pasividad o desinterés. Se mantuvieron dedicados a nuestro crecimiento constante como individuos, inculcando el valor de amar a Dios y amar bien a Su pueblo.

2. ¿QUÉ ES ALGO QUE HICIERON TUS PAPÁS POR TI CUANDO ERAS NIÑO QUE HASTA HOY VALORAS?

Jazmín Acosta (16 años)

Recuerdo en cada acto escolar buscarlos entre los papás y siempre encontrarlos ahí, esperando verme a mí con una sonrisa. Me hacía sentir muy especial saber que hasta en esas pequeñas cosas ellos estaban para mí.

Nicolás Vilaseca (34 años)

Algo que valoro hasta el día de hoy es el tiempo que mis padres invirtieron en mí y en cada uno de mis hermanos. Siempre estuvieron presentes, apoyándonos en cada etapa de nuestra vida. Su paciencia infinita nos enseñó el verdadero significado del amor y la comprensión; y su insistencia en servir a Dios dejó una huella profunda en mi corazón. A su vez, valoro que siempre tuvieron y siguen teniendo su casa abierta a la comunidad, acogiendo a quien lo necesite. Ellos dan con las manos abiertas, sin esperar nada a cambio, mostrando con su ejemplo lo que significa el verdadero amor al prójimo.

Pamela Sánchez (27 años)

De vez en cuando, los domingos después de la iglesia, íbamos juntos a tener nuestro tiempo especial en un parque que llamábamos nuestro parque ¨secreto¨. Siempre hicieron espacio para el tiempo de calidad.

Marina Grillo (28 años)

De niña quizás tomaba que me pusieran límites como algo malo o injusto, pero ahora veo alrededor mío amigos y amigas que no los tuvieron en sus infancias o adolescencias, y cómo eso repercutió en ellos. Poner límites es amar, ellos me amaron extendiendo un marco de cuidado.

Bruno Grillo (26 años)

Hay muchas cosas que valoro de lo que hicieron por mí. Una de ellas es haberme enseñado a entender los límites y la corrección en situaciones que, en su momento, yo no veía como dañinas para mi vida. No se conformaron con solo corregirme, sino que también me acompañaron, conversaron y jugaron conmigo. Otra cosa que con el tiempo aprendí a valorar es la dedicación, el esfuerzo y la pasión que pusieron en todo lo que hicieron. Lo que compartían con su boca, lo reflejaban en sus vidas de manera palpable.

Belén Vilaseca (27 años)

Mis papás siempre buscaron reírse y jugar con nosotros. Aunque sus compromisos con la iglesia y la gente les consumía mucho tiempo, muchas veces, en su tiempo libre, cuando quedaban espacios para estar en familia, se notaba que disfrutaban genuinamente.

Iván Vilaseca (32 años)

Mis papás siempre cuidaron de mi salud de forma intencional y siguieron pastoreando.

3. ¿CUÁL CREES QUE FUE LA LECCIÓN MÁS IMPORTANTE QUE APRENDISTE DE TUS PAPÁS?

Jerónimo Grillo (22 años)

"Más bien, busquen primeramente el reino de Dios y su justicia, entonces todas estas cosas les serán añadidas" (Mateo 6;33)

Jazmín Acosta (16 años)

A ponerse de pie cuando los demás te fallan; a no ser personas falsas, ni religiosas. A amar a Dios y seguir sus mandamientos.

Juan Manuel Acosta (20 años)

Mis papás siempre me mostraron la importancia de no rendirse, tanto con palabras como con ejemplos en sus propias vidas. A pesar de las dificultades que enfrentaron, nunca dejaron que los obstáculos

los detuvieran. Recuerdo momentos en los que parecían estar a punto de rendirse, pero siguieron luchando, buscando soluciones, y aprendiendo de los fracasos. Ellos me enseñaron que el fracaso no es el fin, sino solo una oportunidad para levantarse y seguir adelante. Su perseverancia me ha mostrado que siempre hay una forma de superar los desafíos, y que rendirse nunca es la opción.

Nicolás Vilaseca (34 años)

Creo que la lección más importante que aprendí de mis padres se resume en dos grandes enseñanzas. La primera es el amor reflejado en la paciencia y la soltura. Ellos me mostraron que amar no es apresurar ni forzar, sino acompañar con calma, confiando en los tiempos de Dios y en el proceso de cada persona. La segunda es el amor reflejado en la libertad de cada uno para vivir su propia experiencia y su propio camino. Me enseñaron que, aunque siempre estarán ahí para guiar y apoyar, cada persona debe tomar sus propias decisiones y crecer a través de ellas. Ese respeto por el proceso individual es algo que valoro profundamente.

Marina Grillo (28 años)

La lección más grande de mis papás fue que ambos me pidieron perdón de adulta y reconocieron que se equivocaron mucho durante mi infancia. Dejar de lado el orgullo como padre y madre no debe ser fácil, y ellos lo hicieron. Eso me enseña que cuando tenga hijos, y me equivoque, y crezcan, yo puedo reconocerme humana delante de ellos y estar dispuesta a pedir perdón.

Franco Vilaseca (20 años)

Algo que aprendí de ellos es a siempre escuchar y seguir la voz de Dios, no importa que esto implique mudanzas, irse a vivir a otra ciudad, o cualquier otro cambio. Otra cosa que aprendí es a creer que hasta en tiempos de escasez, de incertidumbre o riesgo, Dios sigue siendo fiel y nos provee sabiendo lo que necesitamos.

Iván Vilaseca (32 años)

La importancia de balancear familia e iglesia, dando y estando al cien por ciento en todo. La resolución de discusiones o conflictos entre ellos, que nunca fueron frente a nosotros. Si tenían que pedir perdón por algún error, lo hacían en la mesa, cuando estábamos todos.

Julián Sánchez (29 años)

Ser humildes de corazón y siempre hacer un lugar en la mesa para alguien más.

Michelle Escobar (22 años)

Crecí como hija de pastores y sentí que gran parte de mi infancia giraba en torno a la iglesia y el ministerio. Gente de visita todo el tiempo, reuniones y grupos pequeños todas las semanas; llegar temprano a la iglesia y quedarme hasta tarde, y mudarnos de ciudad en ciudad. A veces, esto era agotador y, desde una perspectiva externa, solo puedo imaginar todo lo que sintieron mis padres y lo duro que lucharon con fuerza y perseverancia. En todo esto, nunca dejé de ver su generosidad e innegable inversión en las vidas de las personas a las que guiaban. Siempre han amado bien a las personas. Han ejemplificado el altruismo, dando su tiempo y recursos, sin esperar nada a cambio. Para ellos, la recompensa siempre ha sido ver a las personas conocer a Jesús y empoderar a otros a seguirlo. Esta siempre ha sido una de las cualidades más admirables de mis padres.

Ivana Sánchez (35 años)

Humildad, integridad, servicio; creerle a Jesús sin poner límites a lo que Él quiere hacer. Estar abiertos a cambiar. Amarse y respetarse entre ellos como pareja, disfrutar de la vida juntos. Creer en las personas, esperar lo mejor de las personas y dar nuevas oportunidades.

4. ¿HUBO ALGÚN MOMENTO EN EL QUE TE DISTE CUENTA DE CUÁNTO TE AMABAN Y APOYABAN TUS PADRES?

Jerónimo Grillo (22 años)

Siempre tuvieron como primera iglesia a la familia. Recuerdo que una vez mi papá me dijo: "Si ustedes no hubiesen apoyado el proyecto de abrir una nueva iglesia yo hubiese seguido donde estaba, porque lo primero que busco para ustedes es su bienestar y felicidad". Es algo que nunca voy a olvidar.

Juan Manuel Acosta (20 años)

El momento en que me di cuenta de que mis papás me amaban profundamente fue cuando me dejaron ir a otro país a cumplir mi sueño. Aunque me dolía separarme de ellos, entendí que su amor no era únicamente apoyarme en los momentos cercanos, además incluía el espacio para crecer y seguir mis metas. Tomaron una decisión difícil porque sabían lo importante que era para mí esa oportunidad, y confiaron en que podía manejarlo. Esa fue su manera de demostrarme que me amaban.

Nicolás Vilaseca (34 años)

La verdad es que de chico no eres realmente consciente de cuánto te aman tus padres. Uno da por sentadas muchas cosas, sin dimensionar el sacrificio y la entrega que hay detrás. Pero cuando fui padre por primera vez, hace cuatro años, todo cambió. En ese momento entendí el amor inmenso que ellos me tuvieron y me tienen. Me di cuenta de todo lo que hicieron por mí, de las noches en vela, de la paciencia infinita y de cómo siempre estuvieron ahí, sin pedir nada a cambio. Fue un despertar profundo, que me hizo valorar aún más su amor y su apoyo incondicional.

Pamela Sánchez (27 años)

Desde chiquita empecé a demostrar mi pasión por la política. Agradezco los incontables debates y horas invertidas de mis papás, hasta altas horas de la noche, en la cocina. Gracias a eso pude conocer a Dios de manera más real y animarme a desarrollar mi carrera sin tener que elegir entre una cosa u otra.

Samuel Escobar (17 años)

No diría que hubo necesariamente un momento específico, pero fueron más las cosas que hicieron por mí, cómo demostraron que se preocupan por mí y que siempre están ahí, pase lo que pase. Han hecho mucho por mí y por mis hermanos, y eso demuestra cuánto me quieren y me apoyan.

Bruno Grillo (26 años)

Lo reflejan en cada decisión que tomo, siempre mostrándome su apoyo y amor. Pero si tuviera que nombrar un momento en particular, sería cuando decidí empezar a conocer a una chica que me gustaba (quien hoy es mi esposa). Aunque en ese entonces ellos no tuvieron injerencia en la decisión y aún no la conocían, eligieron apoyarme y amarme.

Franco Vilaseca (20 años)

Sí, cuando me impulsaron a ir a otra iglesia para tener amigos cristianos, esa fue una gran muestra de afecto y una gran ayuda para mí.

Belén Vilaseca (27 años)

Cada vez que decidían amarnos tanto con palabras como con acciones, me sentí muy amada. Mamá y papá hicieron todo por cuidarnos: taparnos si hacía frío, darnos de comer (aunque tal vez ellos no tuvieran tanto); pasar momentos de calidad con juegos o películas, abrazarnos cuando estábamos tristes, salir a pasear y muchas cosas más que atesoro en mi corazón. Lo más sorprendente es que todas estas acciones no dependían de haber tenido un día bueno o malo, ni de su situación actual, su dolor, angustia o alegría. Nunca dudé de que los tenía para mí.

Julián Sánchez (29 años)

Sí, de más grande tuve la oportunidad de comparar mi infancia con otras personas, y en ese contraste me di cuenta de la diferencia abismal de vida.

Michelle Escobar (22 años)

Hubo muchos momentos en los que mis padres reservaron tiempo para mí dentro de sus ocupadas vidas y me hicieron sentir realmente vista y apoyada. Ya sea cuando mamá me decía: "Vamos a almorzar" o cuando papá entraba a mi habitación para sentarse en mi cama y decirme: "Entonces, ¿qué hay de nuevo?". Sé que siempre han tenido largas listas de cosas por hacer y estoy segura de que en muchos de esos momentos hubo otras personas que reclamaban su atención, pero nos eligieron primero a nosotros, sus hijos. Sabían que los cinco éramos la prioridad y, antes que nada, su ministerio era lo que sucedía detrás de las cuatro paredes de nuestro hogar.

Ivana Sánchez (35 años)

Lo demostraban cada día, pero creo que lo pude ver más claro, porque yo también era más consciente para verlo, la vez que a los 18 años me animaron y apoyaron para ir a estudiar a una escuela bíblica en Australia. Nadie en nuestro entorno había viajado fuera del país a estudiar o por un tiempo largo; yo no sabía hablar inglés, ni teníamos los recursos, todo estaba en contra, pero ellos me animaron a soñar en grande y, confiando en Dios, creyendo por milagros, me apoyaron en todos los sentidos hasta lograrlo.

5. ¿CUÁL ERA TU ACTIVIDAD O TRADICIÓN FAVORITA CON TUS PADRES CUANDO ERAS NIÑO?

Jerónimo Grillo (22 años)

Recuerdo tardes en la playa con mi mamá, o pescando con mi papá.

Jazmín Acosta (16 años)

Ir al cine y comer una hamburguesa después de la función.

Juan Manuel Acosta (20 años)

La actividad o tradición favorita con mis papás cuando era niño era la cena todos juntos en la mesa, hablando en familia, compartiendo un momento agradable juntos.

Nicolás Vilaseca (34 años)

Mi actividad favorita con mi padre cuando era niño era jugar a las carreras o los mundiales de bolitas (canicas). Pasábamos horas disfrutando de esos momentos simples pero llenos de emoción y conexión. También recuerdo con mucho cariño las tardes y noches reunidos en familia viendo películas juntos. Además, la música siempre estuvo presente en nuestra casa; escuchábamos de todo y eso creó un ambiente especial, lleno de alegría y buenos recuerdos. Esos momentos marcaron mi infancia y hasta el día de hoy los valoro muchísimo.

Pamela Sánchez (27 años)

Cada año, sin importar la situación económica o lo que pasara, nos íbamos a un viaje familiar con alguna aventura incluida, y no podía faltar el CD que elegíamos específicamente para esas vacaciones, ¡y que se volvía la banda sonora del viaje!

Marina Grillo (28 años)

Cuando éramos chicos solíamos tener una tradición en nuestras vacaciones de verano: a la playa que fuésemos, algún día de nuestras vacaciones, hacíamos un volcán de arena. Lo encendíamos y vivíamos la adrenalina de ver cómo salía humo de nuestra obra maestra. Para terminar la tradición, mamá estaba lista para sacar la foto final y celebrar saltando alrededor del volcán.

Julián Escobar (15 años)

Algunas tradiciones que disfruto con mi familia son jugar juegos de mesa y tener noches de películas. También me encanta hacer viajes especiales con mi papá y mi hermano.

Samuel Escobar (17 años)

Hay muchas actividades que amo hacer con mis padres. Me encanta poder ver películas con ellos, ya sea en el cine o en casa. También me encanta cuando pasan tiempo conmigo fuera de casa. Mi mamá me lleva de compras, como al centro comercial, y mi papá nos lleva a mi hermano y a mí a comer comida mexicana a menudo, y simplemente hablamos y pasamos el rato. Amo a mis padres y cómo siguen haciendo tiempo para mí y mis hermanos.

Bruno Grillo (26 años)

Definitivamente, lo primero que pensé fue en los "viernes de chatarra", una tradición que, en ciertos momentos, seguimos manteniendo hasta el día de hoy. Una noche especial a la semana en la que disfrutábamos como familia comiendo comida chatarra, jugando o viendo una película, siempre acompañados de una Coca-Cola. Además, en los últimos años incorporamos otra tradición significativa: nuestro "desayuno de consagración". Un momento en familia donde reflexionamos sobre lo que vivimos durante el año y compartimos nuestras expectativas y deseos para el año siguiente.

Belén Vilaseca (27 años)

Mi momento favorito era cuando, con mis papás y mis hermanos, encontrábamos el tiempo para jugar juntos y reírnos; sentía que éramos felices haciendo videos bailando, riéndonos con el otro, jugando un poco bruto, todo lo que hiciera que conectáramos entre nosotros.

Julián Sánchez (29 años)

Irnos de vacaciones juntos.

Ivana Sánchez (35 años)

Una etapa que recuerdo con mucho cariño era cuando nos juntábamos de noche en la sala de la casa, papá tocaba la guitarra, mamá, Pame (mi hermana menor) y yo cantábamos y Julián (mi hermano) armaba una batería con unos taburetes rojos que teníamos y le pegaba con todas sus fuerzas con cualquier palito que encontrara... ahí armábamos unos momentos de adoración divertidos, sencillos y profundos al mismo tiempo. No era impuesto, más bien era algo que fluía y nos hacía mucho bien... orábamos juntos y compartíamos un lindo momento en la presencia de Dios.

6. ¿CÓMO IMPACTÓ EN TU VIDA EL TIEMPO QUE TUS PADRES PASABAN CONTIGO?

Jazmín Acosta (16 años)

Me hizo sentir amada, segura y protegida.

Marina Grillo (28 años)

Impactó en gran manera, tanto el tiempo que pasaban como el que no pasaban. Los momentos con mis papás siempre fueron preciados para mí, hasta el día de hoy los planifico y no los cambio. Por mucho tiempo me dolió ser consciente que de chica no pase el tiempo que me hubiera gustado con ellos, pero, con ayuda del Espíritu Santo y de terapia, pude sanar esa falta y redimir esos "momentos perdidos".

Samuel Escobar (17 años)

Dicen que uno se vuelve y piensa como la gente con la que pasa más tiempo. Mis padres me han enseñado mucho, y la mayor parte de lo que sé ahora se debe a ellos. Me han enseñado buenos principios y me han ayudado a vivir una vida espiritualmente motivada, con el objetivo de glorificar a Dios. Han sido y siguen siendo una gran influencia para mí.

Bruno Grillo (26 años)

Amo pasar tiempo con ellos. Esto fortaleció nuestra relación a la vez que los convirtió en mis compañeros, aliados, mentores y amigos. Me enseñó el valor de una familia unida, donde el amor, el respeto y la atención hacia el otro son fundamentales. Además, me demuestra que la primera iglesia comienza en casa, más allá de los imprevistos o los momentos difíciles que la vida nos presente.

Iván Vilaseca (32 años)

Impactó de forma positiva. Podíamos pasar tiempo en la iglesia o en casa, jugando, viendo pelis, yendo a pescar y varias cosas más.

Julián Sánchez (29 años)

Impactó abundantemente, ya que el hecho de estar presentes, así como experimentar su trato de amor hacia nosotros, nos posicionó para el éxito en nuestras vidas.

Ivana Sánchez (35 años)

Mis papás organizaron sus trabajos y rutinas para poder estar con nosotros. Por ejemplo, mi papá además del servicio en la iglesia hacía transporte escolar, entonces yo viajaba en la camioneta con él todas las mañanas y mediodías y, en esos largos recorridos buscando a otros niños, compartíamos charlas, le hacía preguntas, y pasábamos tiempo juntos. Por otro lado, mi mamá, además del servicio en la iglesia, era maestra de nivel inicial (kínder) lo que le permitía volver justo cuando regresábamos de la escuela, y pasaba la tarde en casa con nosotros. Priorizaron acompañarnos antes que tener más lujos o un mayor bienestar económico, y creo que eso hoy en día no es tan fácil de encontrar. Sin duda sentirme amada, escuchada y comprendida me sembró seguridad; a la vez que me ayudó a desarrollar mi identidad, alcanzar metas, tener un lugar de refugio y una puerta abierta para hablar de lo que fuera necesario.

7. ¿CUÁL ES UN VIAJE, EVENTO O EXPERIENCIA QUE COMPARTISTE CON TUS PADRES Y QUE NUNCA OLVIDARÁS?

Jerónimo Grillo (22 años)

La experiencia de abrir una nueva iglesia desde cero, que es realmente apasionante.

Juan Manuel Acosta (20 años)

El viaje que realizamos a Orlando, Florida. Es un viaje que no olvidaré nunca porque guardo muchos momentos hermosos de ese viaje; muchas risas, muchas anécdotas, por eso es que guarda un lugar especial en mi corazón.

Nicolás Vilaseca (34 años)

Tengo muchos recuerdos especiales con mis padres, pero hay algunos que nunca olvidaré. Uno de ellos fue nuestra mudanza de Junín a Buenos Aires. Fue un cambio grande para todos, lleno de emociones y desafíos, pero lo vivimos juntos, apoyándonos en familia. También recuerdo con mucho cariño las vacaciones en la costa argentina. Eran días de desconexión, diversión y unión familiar que atesoro hasta el día de hoy. Otro momento inolvidable fue cuando les di la noticia de que iban a ser abuelos. Ver su alegría y emoción fue algo único, un recuerdo que guardo en mi corazón. Y por supuesto, siempre llevo presentes los festejos de Año Nuevo en familia.

Julián Escobar (15 años)

Cuando tenía 7 años, mi familia y yo nos mudamos a México. Recorrimos todo Estados Unidos en carro, desde Virginia hasta Mexicali. Nunca olvidaré lo largo que fue el viaje por carretera y todos los lugares que exploramos y visitamos en el camino.

Franco Vilaseca (20 años)

Algo que nunca voy a olvidar son los viajes a Mar del Plata que eran de cuatro horas y media. Todas las semanas lo hacíamos porque mis papás estaban pastoreando una iglesia de esa ciudad. Otra cosa que recordaré siempre son las vacaciones que hemos tenido juntos las siete personas de mi familia.

Belén Vilaseca (27 años)

Las vacaciones en familia las esperaba todo el año: jugar en la arena, salir a comer, pasear con mis hermanos, jugar con papá y caminar con mamá al borde del mar. Esos descansos juntos siempre fueron mis preferidos, y nunca los voy a olvidar.

Iván Vilaseca (32 años)

Vacaciones en Córdoba. El auto, cada vez que nos íbamos de vacaciones, comenzaba a romperse y averiarse. Siendo una familia muy grande necesitábamos un auto grande, y la economía de la casa no era la mejor. Pero cuando podíamos salir de vacaciones, nos íbamos. En una ocasión, en una provincia de Argentina, el auto se descompuso y tuvimos que dejarlo en una calle alta, para al otro día empujarlo y con el impulso hacerlo arrancar, todo un plan. Mis padres habrán sufrido mucho, pero para mí era divertido.

Julián Sánchez (29 años)

Unas vacaciones que fuimos a la playa y estuvimos siete días en una tienda de campaña. Fue difícil, pero la pasamos muy bien. Llovió y se nos mojó la tienda, se rompió la camioneta, comimos a la parrilla todos los días y ¡la pasamos súper!

Michelle Escobar (22 años)

Mudarnos a Argentina con nuestras vidas empacadas en unas cuantas maletas grandes fue probablemente una de las cosas más difíciles que hemos pasado, pero también nos unió como familia. Mudarnos era un evento común en nuestras vidas, pero esta vez fue diferente. No teníamos idea de lo que nos esperaba. Todo lo que sabíamos era que nos teníamos el uno al otro.

Ivana Sánchez (35 años)

Teníamos el hábito de hacer escapadas en familia cada tres meses apartando un fin de semana para estar solos. Digo "solos" porque en casa solíamos recibir a muchas personas todos los días; siempre alguien se quedaba a comer, o había alguna reunión o grupo pequeño, o venían a recibir consejería personas de la iglesia… Entonces esas "escapadas juntos" eran muy valiosas, las disfrutábamos un montón y compartíamos momentos memorables.

8. ¿RECUERDAS ALGUNA CONVERSACIÓN QUE TUVISTE CON TUS PAPÁS SOBRE LA FE QUE HAYA MARCADO TU VIDA?

Jerónimo Grillo (22 años)

"Hijo, tienes que vivir lo que predicas".

Jazmín Acosta (16 años)

Cuando tomé la decisión de bautizarme, recuerdo tener una charla con ellos en donde se aseguraron de que fuera una decisión personal, preguntándome si realmente estaba segura y si no lo hacía por "ser la hija de los pastores".

Pamela Sánchez (27 años)

Siempre encontrábamos un espacio para hacer el devocional juntos, o cantar juntos. Recuerdo una vez que fuimos a tomar un café y nos tomamos un tiempo para cada uno compartir, en lo personal, qué nos venía de Dios; y en ese lugar hablamos sobre que nuestra existencia, mucho más que un deseo terrenal, es el propósito de Dios. Parece algo simple, pero ahí se abrieron mis ojos a una nueva identidad.

Belén Vilaseca (27 años)

Mucho de lo que soy es por aprender de sus vidas, así como por mirarlos y entender que todo lo que hacían era debido a algo más grande que la iglesia, que todo su amor y esfuerzo eran para Dios. Destaco mucho más sus enseñanzas con acciones, las cuales me demostraron la devoción que tenían por dar sus vidas por Él.

Ivana Sánchez (35 años)

Estaba con mi papá en el hospital en Sydney, Australia (yo había ido ahí a estudiar en una escuela bíblica)… y luego de dos años en ese lugar, tuve un accidente automovilístico muy complicado en el que me fracturé la columna y estuve cerca de la muerte… pero recuerdo en el proceso de recuperación, luego de cuatro cirugías, a mi papá al lado de mi cama, dándome de comer (porque yo todavía no podía moverme) y diciéndome algo que quedó grabado en mi corazón: "Ivi, se puede vivir con fe o sin fe, puedes elegir creer o no creer, pero creer es mucho mejor, mucho más poderoso, y da esperanza ver la vida a través de los ojos de la fe, lo cambia todo; cambia cómo ves el mundo y cómo vives" y así fue… yo elegí pasar esa temporada tan difícil, de aprender a caminar nuevamente y recuperarme, viendo con los ojos de la fe… siguió siendo difícil, doloroso, desafiante… pero sin duda fue mucho mejor estar llena de esperanza en Jesús (nuestra ancla firme en medio de tormentas), pues llegué a conocer a Dios mucho más profundamente.

9. ¿CÓMO VISTE A TUS PADRES VIVIR LOS VALORES QUE TE ENSEÑARON?

Jerónimo Grillo (22 años)

Siempre escucho y veo cómo mis papás invierten horas y horas leyendo la palabra y orando, creo que son un gran ejemplo de devoción a Dios.

Juan Manuel Acosta (20 años)

Los valores que guardo en mi vida no son solo algo que aprendí a través de palabras, pues los vi reflejados en las acciones diarias de mis papás. Ellos no solo me decían lo que era importante, sino que siempre cumplían con su ejemplo. La honestidad, el respeto, la responsabilidad... cada uno de esos valores los veo en ellos todos los días, ya sea en la forma en que tratan a los demás o en cómo toman decisiones difíciles. Mis papás no solo me enseñaron estos valores, sino que los vivieron, y al verlos puestos en práctica, supe que esos eran los principios que quería seguir.

Nicolás Vilaseca (34 años)

Vi a mis padres vivir los valores que nos enseñaron de una manera muy clara, especialmente en el trato entre ellos y hacia nosotros, sus hijos. Siempre fueron un ejemplo de respeto, amor y paciencia, tanto en la forma en que se relacionaban como en la manera en que nos educaban. Además, lo vivieron de la misma forma con la comunidad, siendo siempre generosos, solidarios y dispuestos a ayudar a quien lo necesitara. Lo más importante fue su coherencia, pues lo que hacían dentro de casa coincidía con lo que mostraban fuera. Esa coherencia entre sus palabras y acciones fue una de las lecciones más valiosas que me dejaron.

Pamela Sánchez (27 años)

Eso fue algo diario para mí. Verlos levantarse de situaciones imposibles fue lo más palpable de la gracia de Dios.

Bruno Grillo (26 años)

Desde siempre, veo a mis padres vivir los valores que me enseñaron, tanto con palabras como con hechos. Su amor, integridad, generosidad y fe fueron principios que me inculcaron y que reflejaron en cada decisión y acción. Su ejemplo me muestra que los valores no son meramente ideas, más bien implican una forma de vida que va desde su manera de trabajar con esfuerzo y pasión hasta la forma en que se tratan como matrimonio, a nosotros como hijos, a las personas que los rodean como sus amigos o, incluso, con quienes no tienen relación.

Iván Vilaseca (32 años)

Muy presente. Eran los mismos dentro y fuera de casa, compartían tiempo con nosotros, y nos cuidaban muy bien. Se perdonaban y nos pedían perdón, nos corregían y luego hablaban con nosotros para que entendiéramos porqué habíamos sido corregidos. En casa también orábamos juntos.

Julián Sánchez (29 años)

En el trato con la gente que los rodeaba, siempre con amor y humildad.

Ivana Sánchez (35 años)

Mis papás dieron sus vidas para que más personas conozcan a Jesús. Abriendo un refugio para mujeres víctimas de trata, un taller laboral para gente que salía de la cárcel o adicciones y que no tenía trabajo. Sin recursos externos o ayuda del gobierno. Personas a quienes mis papás habían ayudado mucho, dándoles trabajo, contención, acompañamiento… luego vinieron a robar a nuestro hogar de una forma violenta bajo el efecto de sustancias. Sin embargo, después de un tiempo esas personas se arrepintieron y se acercaron a mis padres, y ellos los perdonaron y los recibieron con amor nuevamente. Semanalmente recibían a personas en casa para hablarles de Jesús, acompañarlas en sus procesos de sanidad y libertad, discipularlas y encaminarlas hacia Jesús (hasta el día de hoy lo siguen haciendo). Son los primeros en servir y en dar la milla extra.

10. ¿RECUERDAS ALGUNA OCASIÓN EN LA QUE TUS PADRES TE CORRIGIERON O DISCIPLINARON? ¿CÓMO LO MANEJARON Y CÓMO TE HIZO SENTIR?

Nicolás Vilaseca (34 años)

¡Cómo no acordarme! Muchas veces. de niño no era el hijo perfecto. Recuerdo cuando me peleaba con mis hermanos; la vez que repetí un año escolar, y las veces que me descubrían haciendo alguna travesura.

Sin embargo, lo que me marcó fue la manera en que mis padres manejaban esas situaciones. Siempre, sin importar el momento o la razón, se tomaban el tiempo para sentarse conmigo, conversar y explicarme lo sucedido. Nunca fue solo una corrección, sino una enseñanza, donde me explicaban por qué me disciplinaban y lo que debía aprender de esa experiencia. Eso me hizo sentir comprendido y me ayudó tanto a entender el por qué, como motivarme a mejorar.

Marina Grillo (28 años)

La manera en la que mis padres decidieron disciplinarnos a mí y mis hermanos no es la que yo elegiría para mis futuros hijos. Pero si hay algo que se me quedó grabado en mi mente y corazón es que siempre, después del momento de disciplina, teníamos un tiempo de conversación durante el cual ellos se acercaban a nosotros, oraban con nosotros, nos abrazaban, y el suceso terminaba siempre de buena manera. Considero que esos momentos no quedaron grabados en mi corazón como algo traumático, más bien como un acto de amor (aunque no es la forma que yo hubiera preferido).

Samuel Escobar (17 años)

Hubo muchas ocasiones en las que me disciplinaron o corrigieron, y cada vez lo hicieron muy bien. Me explicaron en qué me había equivocado o qué había hecho mal y luego me enseñaron cómo manejar la situación. Me guiaron a través de ella y todavía me acompañan en situaciones difíciles.

Bruno Grillo (26 años)

¡Me acuerdo de muchas! ¿Será porque definitivamente las necesitaba? En el momento, me hacían sentir mal y me enojaba tanto con ellos como conmigo. Recuerdo los castigos de un mes sin computadora… una verdadera destrucción total para un preadolescente que amaba los videojuegos. Sin embargo, siempre fui alguien con un fuerte sentido de la justicia, por lo que entendía que lo hacían para que no repitiera esas acciones que iban en contra de lo que ellos buscaban enseñarme. Sin duda, hubo momentos en los que luego se arrepintieron de ciertas formas de corrección, pero desde mi perspectiva de lo que era bueno o malo en ese entonces, lo comprendía. Hoy miro hacia atrás y agradezco los límites y la disciplina que pusieron en mi vida… aunque, si le pregunto a mi yo de 11 ó 12 años, sigo pensando que un mes sin computadora era demasiado.

Iván Vilaseca (32 años)

Sí, hubo varias temporadas, pero todas estuvieron bien justificadas. Recuerdo que luego de corregirnos en privado, se acercaban a nosotros para saber si sabíamos por qué habíamos sido corregidos y nos decían que nos amaban.

Michelle Escobar (22 años)

Como soy la hija mayor, diría que experimentaron mucho conmigo en lo que se refiere a la disciplina. Ahora nos reímos, pero en el momento me di cuenta de que a veces se frustraban cuando ciertos tipos de disciplina no lograban el resultado que deseaban. A pesar de todo el "ensayo y error" con la disciplina, una constante fue su capacidad para encontrarse conmigo en mi situación y tener una conversación. A pesar de cada lección, debilidad, error o momento de conflicto, conversar siempre fue lo normal. No importaba lo frustrados que estuviéramos, siempre se esperaba que habláramos. El valor de la comunicación, abierta y honesta, se fue desarrollando en mí desde el principio.

11. ¿EN QUÉ ASPECTOS CREES QUE LA FORMA EN QUE TE DISCIPLINARON INFLUYÓ EN LA PERSONA QUE ERES HOY?

Jazmín Acosta (16 años)

Esa disciplina y límites que mis padres me dieron a corta edad me ayudaron muchísimo a ser mejor persona. Yo creo que con sus consejos me dieron muchísimas herramientas para poder resolver situaciones de manera independiente. Sé que me falta mucho por aprender todavía, y espero hacerlo de su mano.

Juan Manuel Acosta (20 años)

Soy una persona responsable en gran parte gracias a las correcciones que mis papás me hicieron a lo largo de la vida. Cuando cometía errores, en lugar de solo regañarme, me mostraban las consecuencias de mis acciones y me ayudaban a reflexionar sobre ellas. A veces, las correcciones no eran fáciles de aceptar, pero entendí que lo hacían porque querían enseñarme a ser consciente de mis decisiones y a asumir la responsabilidad de mis actos. A través de esas lecciones, aprendí a no evitar mis responsabilidades, sino a enfrentarlas, y a comprender que cada acción tiene un impacto, tanto en mí como en los demás. Gracias a sus correcciones, entendí que ser responsable implica cumplir con mis obligaciones tanto como aprender de mis errores y crecer con cada experiencia.

Nicolás Vilaseca (34 años)

La forma en que me disciplinaron mis padres influyó de manera profunda en la persona que soy actualmente. Me enseñaron a ser responsable de mis acciones desde muy joven. Cada corrección era una oportunidad para aprender, entender lo que había hecho mal y reflexionar sobre cómo podría mejorar a futuro. Me inculcaron una lección fundamental: todo tiene consecuencias. Ellos me enseñaron que cada decisión que tomamos, ya sea buena o mala, tiene un impacto, y debemos estar dispuestos a asumir sus efectos. Gracias a ellos, aprendí a ser perseverante y a no rendirme ante los errores, sino a verlos como parte del proceso de crecimiento. Me enseñaron la importancia de la paciencia, el respeto, el autocontrol y la responsabilidad. Estos valores son los que ahora trato de transmitir a mis propios hijos, sabiendo que disciplina no quiere decir estrictamente castigar, sino que implica una oportunidad para crecer y aprender.

Pamela Sánchez (27 años)

Hay algo sobre la responsabilidad que me marcó para siempre. Sé que si quiero hacer cosas que nadie hizo, tengo que tener hábitos que nadie tiene.

Bruno Grillo (26 años)

La manera en que me disciplinaron definitivamente influyó en la persona que soy hoy y en muchos aspectos de mi vida. Me enseñó a pensar antes de actuar o tomar una decisión, a pasar cada elección por el filtro de si está o no realmente alineada con lo que quiero para mi vida y con lo que entiendo que es correcto. Además, a través de la disciplina, inculcaron en mí un valor fundamental: el temor de Dios. Esto no solo moldeó mi carácter, sino que también me llevó a vivir con responsabilidad y conciencia de que cada acción tiene un impacto en mi futuro.

Franco Vilaseca (20 años)

La forma en la que me disciplinaron creo que fue muy buena ya que me hacían entender y ver lo que estaba haciendo mal para que yo mismo lo corrigiera.

Iván Vilaseca (32 años)

Creo en lo disciplinado, en mi relación con Dios y en mi relación con mi esposa.

Julián Sánchez (29 años)

Gracias a la disciplina me dieron límites, y dentro de esos límites salió la creatividad para poder crecer.

Ivana Sánchez (35 años)

Creo que los límites dan seguridad a los niños, lo puedo ver claramente en mis hijos hoy en día. Me doy cuenta de cómo los ayudan, ordenan y organizan. Siento que tenerlos me ayudó a entender claramente hasta dónde sí se puede y hasta dónde no. Ponérmelos me ayudó cuando era joven y no tenía a mis papás al lado, también contribuyó a que tomara buenas decisiones que me protegieron de errores o males.

12. ¿HABÍA ALGUNA FRASE O CONSEJO QUE TUS PADRES REPETÍAN CONSTANTEMENTE Y QUE HOY SIGUE RESONANDO CONTIGO?

Jerónimo Grillo (22 años)

Sé fiel en lo poco y Dios te recompensará con mucho.

Jazmín Acosta (16 años)

Que todos mis planes tienen que estar en la voluntad de Dios.

Juan Manuel Acosta (20 años)

Todo saldrá bien mientras Dios esté de tu lado.

Nicolás Vilaseca (34 años)

Siempre seguir y servir a Dios.

Pamela Sánchez (27 años)

Solo llegas más rápido, juntos llegamos más lejos.

Marina Grillo (28 años)

Una frase que mis papás siempre me dijeron fue "Busca primero el reino de Dios y Su justicia, y todas las demás cosas van a ser añadidas". Eso me mantuvo enfocada en perseguir una relación con Dios, en buscar vivir bajo Su reino y no en ir tras cosas materiales o simplemente sueños personales.

Samuel Escobar (17 años)

Hay muchas cosas que podría mencionar, pero una que me viene a la mente es algo que mi papá nos dice a mí y a mi hermano antes de irnos a dormir: "¿Mañana será un qué?", y nosotros respondemos "un buen día" o "un gran día". Mi papá es muy bueno viendo el lado positivo, y esto nos recuerda la mentalidad que debemos tener para el día siguiente; que no necesitamos preocuparnos y, en cambio, recordar que el día está puesto en manos de Dios.

Julián Escobar (15 años)

Sí, mi papá siempre nos recordaba que "¡mañana será un gran día!".

Franco Vilaseca (20 años)

Sí, que siempre trate de escuchar la voz de Dios, pues Él quiere lo mejor para mi vida.

13. AHORA QUE ERES MAYOR, ¿CÓMO HA EVOLUCIONADO TU RELACIÓN CON ELLOS?

Jerónimo Grillo (22 años)

Además de mis padres, son mis pastores y amigos.

Juan Manuel Acosta (20 años)

Mi relación con mis padres es muy buena porque siempre hemos tenido una comunicación abierta y honesta. Puedo hablar con ellos sobre cualquier cosa, y siempre me escuchan sin juzgarme. Además, me han brindado su apoyo en todo momento, ya sea en decisiones importantes o cuando enfrento dificultades. Lo que más valoro de nuestra relación es la confianza que hay entre nosotros.

Pamela Sánchez (27 años)

No me pierdo un domingo de almorzar juntos. Ellos se volvieron más vulnerables y yo ahora tengo otro recorrido; aunque siempre querré su consejo.

Marina Grillo (28 años)

La relación con mis papás evoluciona siempre para mejor, porque tanto ellos como yo somos intencionales en construirla y "regarla" para que continúe echando raíces y construyendo una trama única. Ellos son las personas que elijo para buscar consejo, para reír, llorar y celebrar las buenas noticias.

Bruno Grillo (26 años)

Nuestra relación evolucionó de manera significativa. Hoy, decido por mi cuenta compartir y hacer vida con ellos, no solo por las actividades que nos unen, como puede ser el compartir la iglesia, sino porque hemos construido una relación que va más allá de las actividades. De las cosas que más agradezco en mi vida, está mi familia y la oportunidad de tener a mis papás como amigos, aliados y equipo.

Franco Vilaseca (20 años)

Mi relación con mis padres evolucionó de una manera en la que siento que puedo contar con ellos para mis problemas, que me escuchan y me aconsejan. Tengo una relación en la cual se interesan por mí, por cómo estoy, al igual que yo por ellos. Es una relación sana la que tenemos; si tenemos un conflicto lo charlamos desde el respeto, escuchando uno al otro y siempre reconociendo cuando uno se equivoca.

Michelle Escobar (22 años)

Ahora que soy mayor, diría que una de las mejores maneras en que el esfuerzo que hemos puesto los tres en nuestra relación se demuestra es la belleza de poder llamar amigos a mis padres. No son solo las personas que me enseñaron a distinguir el bien del mal y me disciplinaron cuando era niña, sino que son personas en las que puedo decir, con seguridad, que confío para ser guiada en cada etapa de la vida y dos personas a las que llamo algunos de mis mejores amigos.

Belén Vilaseca (27 años)

Positivamente, me siento en necesidad de ser intencional en mi vínculo con ellos, vernos más seguido, preguntarles cómo están, recordarme que son personas que también viven procesos y muchas veces necesitan ese abrazo tanto como lo necesito yo. Me ayuda a ser empática y entender que soy igual de responsable en mantener la cercanía. Me encanta este vínculo más adulto.

Iván Vilaseca (32 años)

Muy bien. Somos muy cercanos y tenemos confianza para hablar de las cosas que nos suceden.

Los tomo como referencia en varios aspectos que respectan a mi matrimonio.

Ivana Sánchez (35 años)

¡Los amo mucho! Mamá sigue siendo la persona que llamo para preguntarle desde consejos importantes, como cosas de crianza, pareja, decisiones de vida, hasta recetas de cocina o tips para sacarle manchas a la ropa. Con papá comparto jugar al pádel juntos, charlas de vida y de iglesia. Disfruto estar con ellos. Gozamos de hacer iglesia en equipo. Tengo el regalo de estar sirviendo con mi esposo Fede, bajo el liderazgo de mis padres, y de pensar la iglesia juntos, semana a semana. Es hermoso y a la vez desafiante, sabemos que queremos cuidar nuestra relación con ellos, ante todo, por eso buscamos los momentos para poder hablar y ser transparentes si hay diferentes puntos de vista. Y en esta temporada me encanta verlos en el rol de "abuelos" con mis hijitos. ¡Son unos abuelos increíbles!

14. ¿QUÉ HICIERON TUS PADRES POR TI QUE QUISIERAS REPLICAR CON TUS PROPIOS HIJOS?

Jerónimo Grillo (22 años)

Mis papás me mostraron que la clave está en buscar siempre primero a Dios y esto le transmitiría a mis hijos: que amen siempre a Dios, que nunca se aparten de él. Amar a los demás viene como consecuencia. Podemos tener todo, pero si no tenemos a Dios no tenemos nada.

Jazmín Acosta (16 años)

Enseñarles a mis hijos con amor y también con límites sanos.

Pamela Sánchez (27 años)

El devocional familiar, el tiempo de descanso y aventura, la libertad para elegir.

Julián Escobar (15 años)

En el futuro, cuando tenga hijos, me gustaría que mi principal prioridad sea enseñarles acerca de Jesús tal como mis padres nos enseñaron a nosotros.

Samuel Escobar (17 años)

Haré muchas de las cosas que mis padres me han enseñado, desde conocer y amar a Jesús hasta cómo tratar a las personas.

Bruno Grillo (26 años)

Parece en mis respuestas que estoy idolatrando a mis padres, pero no. Me encantaría seguir sus pasos en la crianza de mis hijos, claro, habiendo conversado y enfrentado algunas de las cosas en las que ellos se arrepintieron con nosotros, pero que también fueron parte del proceso. El temor de la crianza siempre está presente, especialmente cuando quieres hacerlo de la mejor manera posible. A veces me encuentro orando y pensando en mi futuro, diciendo: "Al menos será un poco parecido a lo que viví con mis papás", refiriéndome a mi propia paternidad. Y entonces me viene a la mente una frase que mi viejo siempre me decía: "Hijo, ustedes lo van a hacer mucho mejor que nosotros".

Franco Vilaseca (20 años)

Las palabras y la fe puestas en acción, siempre fueron ejemplo de perseverancia y de seguir los pasos de Dios, a través de eso vi que la vida con el Señor es lo mejor que podemos tener. Eso mismo quiero replicar con mis hijos: que vean mi fe puesta en acción.

Michelle Escobar (22 años)

Como futura madre, espero guiar a mis hijos con la misma intencionalidad que mis padres. Construir una relación con ellos sobre la base de Cristo, criando jóvenes líderes que amen a Dios y tengan una pasión ardiente por servir a Su pueblo. Sé que no será perfecto, pero ruego al Señor que les dé la misma gracia y fuerza que les dio a mis padres para que, en última instancia, críen personas que cambien el mundo para Su gloria.

Belén Vilaseca (27 años)

Siempre buscaron que nos sintiéramos amados, cuidados, y al mismo tiempo desafiados a crecer y a desarrollar talentos y dones para ser cada vez más autónomos. Quiero darle eso a mis hijos, no quiero atarlos a mí o a mis formas, sino dialogar, escucharlos, impulsarlos siempre a más cómo mis padres hicieron conmigo.

Ivana Sánchez (35 años)

Algo que aprecio mucho y quiero replicar con mis hijos es "un canal de comunicación abierto siempre"; con un corazón que no juzga ni condena, sino que ama, escucha, está disponible para contener y que, aunque haya mil cosas pendientes, frena todo para darle prioridad a los hijos. Quiero replicar esto, aunque tenga mucho por hacer, saber dejar a un lado todo para sentarme, mirar a mis hijos a los ojos y prestarles atención, entendiéndolos o al menos intentándolo, orando por ellos y transitando el proceso juntos.

15. ¿PUEDES DAR UN EJEMPLO DE CÓMO TUS PADRES FUERON INTENCIONALES AL CRIARTE?

Jerónimo Grillo (22 años)

Siempre, antes de aprender algo nuevo, estaban conmigo para aprender juntos; luego, me dejaban hacerlo solo, pero con ellos al lado hasta el punto en que no hubiera necesidad de que estén conmigo para hacerlo. Una crianza basada en la enseñanza para aprender a ser independiente y efectivo.

Samuel Escobar (17 años)

Mi mamá siempre ha estado ahí para mí y algo que me viene a la mente es cómo siempre se preocupa por mi salud. Programa citas que sabe que me ayudarán y me encanta que haga eso. No creo que sepa realmente lo agradecida que estoy con ella. También me ha estado ayudando recientemente en mi búsqueda y decisión universitaria.

Julián Escobar (15 años)

Fueron intencionales, porque les encanta pasar tiempo con cada uno de nosotros individualmente y siempre quieren saber qué está pasando en nuestras vidas.

Julián Sánchez (29 años)

Generaron momentos de unidad, sin necesidad de tener cosas elegantes, ni grandes. Con el hecho de irnos un fin de semana a acampar y comer fideos bajo la lluvia era suficiente.

Michelle Escobar (22 años)

La intencionalidad se hizo evidente con el paso de los años, pues mis padres demostraron que su preocupación iba más allá de nuestro comportamiento externo: se preocupaban profundamente por el estado de nuestro corazón, mente y espíritu, lo cual determinaba sus acciones. Ya fuera reservando tiempo para las "reuniones" familiares, hablando de lo que estaba sucediendo en nuestras vidas o lo que impulsaba nuestras metas y sueños. Incluso los momentos en que se tomaron el tiempo para llamarnos a un nivel superior y desafiarnos en los momentos en que vieron más por nosotros. Creo que la fuerza para demostrar esa intencionalidad día tras día fue un subproducto directo de las oraciones que hacían por nosotros a puertas cerradas y de creer en las cosas que vieron en nosotros desde una edad muy temprana.

16. ¿CÓMO INFLUYERON TUS PADRES EN TU VIDA ESPIRITUAL Y EN EL HECHO DE QUE HAYAS DECIDIDO VIVIR TU VIDA PARA DIOS?

Jazmín Acosta (16 años)

Ellos siempre me llevaron por el buen camino y en cada situación que no podía manejar me aconsejaban de la mejor manera posible. Me incentivaron a leer la Biblia y a conectar con Dios, y es algo que yo también tuve que hacer por mi cuenta.

Juan Manuel Acosta (20 años)

Mis padres siempre me hablaron de lo bueno que es seguir a Dios, pero nunca me presionaron para que lo hiciera. Ellos me dieron el espacio para tomar esa decisión por mí mismo, mostrándome con su ejemplo cómo vivir de acuerdo con esos valores, pero sin imponerme nada. Me aconsejaron de manera amorosa y respetuosa cada vez, hablándome de los beneficios espirituales, emocionales y personales que trae tener una relación con Dios, pero al final siempre respetaron mi libertad de decidir mi camino. Creo que esa es una de las cosas que más valoro: su enfoque no fue de imposición, sino de acompañamiento y guía, dándome las herramientas necesarias para que yo tomara mis propias decisiones.

Nicolás Vilaseca (34 años)

Mis padres influyeron profundamente en mi vida espiritual. Para mí, son las personas más parecidas a Dios en la tierra. Su ejemplo de vida, como padres, hijos, matrimonio y abuelos, ha sido mi reflejo más cercano de lo que significa vivir según los principios de Dios. A través de su amor incondicional, paciencia y dedicación a servir a los demás, me mostraron cómo vivir con fe y obediencia. Nunca tuvieron que decirme mucho sobre Dios, porque su manera de ser ya hablaba por sí sola. Al ver cómo reflejaban los valores cristianos en todo lo que hacían, me inspiraron a seguir ese mismo camino y decidir vivir mi vida para Dios. Su testimonio fue la base de mi propia relación con Él.

Pamela Sánchez (27 años)

En ellos veo la restauración de Jesús, y el amor de Jesús por la humanidad. Creo que mi llamado está ampliamente ligado a eso, a amar a las personas.

Marina Grillo (28 años)

¡Mucho! Yo siempre los observé, su vida de devoción a Dios me impactó de gran manera. Como ver a mi papá llegar a casa después de todo un día fuera trabajando, y que no solo apartara un rato para jugar con nosotros, sino que a veces nos llevara con él a su tiempo de oración. Mi mamá nos hacía parte de sus mañanas de mate con Dios. Ellos son un ejemplo para mí de lo que significa mantenerse fieles al Señor "a pesar de". Definitivamente eso impacta mi corazón y me impulsa a vivir una vida de entrega a Él.

Samuel Escobar (17 años)

Todo lo que me han enseñado a mí y a mis hermanos se ha centrado en Jesús y en nuestra fe. Me influyeron de tantas maneras que supe qué decisión quería tomar para el resto de mi vida: seguir a Dios.

Bruno Grillo (26 años)

Mis viejos influyeron profundamente en mi vida espiritual a través de preguntas puntuales y espacios en los que compartimos la vida espiritual. Me acuerdo de aprender versículos de memoria mientras íbamos a la escuela por la mañana, levantarme y verlos orar juntos, o verlos ir a sus cuartos a orar, incluso a mitad del día, después de haber trabajado muchas horas. Lo que más marcó mi vida fue su ejemplo de devoción hacia la iglesia, de darlo todo por cuidarla, buscar lo mejor para ella y salir de su zona de confort para responder a un llamado. De hecho, son los culpables de que hoy yo viva de la misma manera. También los vi dar saltos de fe en momentos difíciles, sabiendo que podrían enfrentarse la opinión ajena, pero priorizando la voz de Dios por encima de todo.

Franco Vilaseca (20 años)

Influyeron mucho, ya que ver lo que Dios hacía con sus vidas me impulsaba a creer y a seguir su ejemplo.

Belén Vilaseca (27 años)

Siempre me acercaron a la iglesia y al amor de Dios, gracias a ellos recibí al Espíritu Santo de chiquita, no olvidaré jamás ese momento. Todo esto gracias a estar cerca de ellos y, en consecuencia, de la iglesia; así como a aprender de la pasión y el amor con el que cumplían la misión de Dios.

Julián Sánchez (29 años)

Grandemente, su ejemplo de vida, me inspiró a querer replicarlo.

Michelle Escobar (22 años)

A lo largo de los años, siempre escuché y supe la verdad. Creo que durante mucho tiempo fue simplemente un conocimiento intelectual. Diría que conocí la iglesia antes de conocer verdaderamente a Jesús. Tuve temporadas y momentos de duda, traté de encontrar respuestas para mí misma y tuve momentos en los que cuestioné si realmente creía. Mis padres nunca me obligaron a hacer nada, nunca condenaron mi duda. Incluso recuerdo haber tenido una conversación específica con mi papá, expresándole en palabras lo frustrada que me sentía en la iglesia. Recuerdo vívidamente que su respuesta tranquila provocó en mí el pensamiento inmediato: «¿esto no le asusta?», debido a la falta de urgencia o preocupación que mostró por las cosas que le estaba comunicando. Esto me dijo mucho. En ese momento, y como en todos los demás, mis papás tenían confianza en las cosas que habían inculcado en la pequeña Michelle, confiando en que el Señor me tenía. Él estaba haciendo algo en mí, a pesar de la falta de evidencia. Sí, nos enseñaron las Escrituras, pero siempre les estaré agradecida por permitirme tiempo para encontrar mi propio camino.

17. ¿DE QUÉ MANERA CREES QUE TUS PADRES MODELARON Y ALENTARON EL AMOR POR LA FAMILIA?

JERÓNIMO GRILLO (22 AÑOS)

Su intencionalidad de que los momentos cotidianos se vuelvan especiales.

Jazmín Acosta (16 años)

Ellos siempre dicen que la familia es lo más importante que alguien puede tener, sentir el apoyo de tus padres, el amor de tus hermanos, o el abrazo de tus tíos/abuelos; todas estas son cosas muy importantes que hay que valorar más. Últimamente hay muchas personas que no entienden lo importante que significa tener una familia, y estaría buenísimo que esto empezara a cambiar.

Nicolás Vilaseca (34 años)

Mis padres modelaron y alentaron en mí el amor por la familia de una manera que me marcó profundamente. Ellos invariablemente la hicieron una prioridad, sin importar las circunstancias. Nos enseñaron que el amor se trata de palabras lo mismo que de acciones, y eso se reflejaba en la manera en que se cuidaban, tanto mutuamente como a nosotros, sus hijos, al igual que en cómo se entregaban a sus padres, hermanos y demás familiares. Además, constantemente nos recordaron la importancia de estar unidos, de apoyarnos los unos a los otros en todo momento, sin importar las diferencias o dificultades. Sus sacrificios y el tiempo que dedicaron a cada uno nos enseñaron que el amor familiar no tiene límites. Con su ejemplo, aprendí que la familia es el mayor regalo que tenemos y que siempre debemos velar por ella, cuidarla y mantenerla unida.

Pamela Sánchez (27 años)

Ellos siempre nos dijeron que Dios iba primero y eso lo vivían cada día. Amar a Dios nos hace amar mejor a nuestra familia. Desde aspectos como ponerle amor a nuestra casa, a nuestra rutina, a los días especiales, todo eso construye una cultura de familia.

Marina Grillo (28 años)

Mis papás siempre decían una frase "la familia es nuestra primera iglesia", y no voy a mentir... no siempre vivimos esa realidad, o al menos yo no la percibí así muchas veces. Pero saliendo de mi adolescencia ellos tuvieron una gran transformación en su manera de cuidar la familia. Entonces ahí pude abrazar esta frase y hacerla real en mi vida. Hoy estoy casada con Santi, él es mi familia y también mi prioridad, juntos somos un lugar de altar para Dios y cultivamos momentos que recarguen nuestra familia orando, leyendo juntos la palabra, pero también saliendo a comer, teniendo días de simplemente estar en casa, viendo una serie o escapándonos unos días para conectar.

Samuel Escobar (17 años)

¡Increíblemente! Son un modelo para mi futura familia. Obviamente, no será exactamente igual, pero, por ejemplo, yo admiro a mi papá y cómo ama y cuida a nuestra familia todos los días. Espero ser como él.

Franco Vilaseca (20 años)

Modelaron y alentaron mucho el amor por la familia. En casa somos siete, por lo cual mantener armonía no era fácil, pero siempre fueron muy intencionales en el amor del uno por el otro, así como en estar presentes en la vida de sus hermanos. Hoy por hoy en la familia hay tres casados, uno con hijos, y nos seguimos reuniendo todos y seguimos siendo intencionales en estar para el otro en lo que se necesite.

Belén Vilaseca (27 años)

Al recordarnos siempre cuánto nos aman; que aman la familia y la unidad y que tenemos que ser responsables para mantenerla en el tiempo. Verlos amándonos es contagioso y genera en mí la intencionalidad de cuidar la familia que Dios me regaló. También, verlos amarse me enseñó a buscar un compañero que me ame de esa manera, con quien pueda construir una familia para darles todo lo que yo recibí.

Iván Vilaseca (32 años)

Creo que lo hicieron a lo largo de los años procurando compartir tiempo con nosotros y con la familia extendida, buscando generar recuerdos y experiencias juntos.

Julián Sánchez (29 años)

Llevándonos a la iglesia todos los domingos, orando antes de cada comida, generando momentos para alabar y orar en familia a Dios (sobre todo en las vacaciones).

Ivana Sánchez (35 años)

En primer lugar, en pareja, podíamos ver desde chiquitos la forma en que se amaban: se hablaban con respeto, disfrutaban, soñaban, hacían las cosas del día a día en equipo, realizaban proyectos juntos y se divertían mutuamente en lo cotidiano … cuando se equivocaban podían pedirse perdón y seguir avanzando de la mano, eso ya era/es inspirador. Y hacia nosotros, sus hijos, fluía todo eso.

18. ¿CUÁLES SON AQUELLOS ASPECTOS IMPORTANTES QUE DESTACAS DE TU CRIANZA Y QUE HOY TE HACEN AMAR A LA IGLESIA LOCAL?

Jazmín Acosta (16 años)

La sinceridad. No vivir el evangelio como una religión. Conectar y hacer amigos.

Pamela Sánchez (27 años)

Ellos amaron tanto a la iglesia, que en el momento crucial estuvieron dispuestos a cambiar algunas formas para que siga siendo nuestro lugar favorito, con sabiduría y entendiendo procesos. Sin duda la libertad y herramientas para tomar buenas decisiones nos dieron la capacidad para formar parte del equipo de trabajo y eso fue un parteaguas.

Marina Grillo (28 años)

Que mis papás me hicieran parte de su pasión por Dios y por Su iglesia. Ellos nos contagiaron ese amor por la iglesia local, pero nunca nos ocultaron el costo que tenía amarla. Si hubiera sido un amor hipócrita o lleno de caretas, probablemente no hubiera amado a la iglesia, sino que la hubiera odiado.

Belén Vilaseca (27 años)

Amo la iglesia porque estoy en ella desde que tengo uso de razón. Jugando con mis amigos de chica, viendo todo el trabajo que hay detrás y el amor que se entrega. Crecí con una congregación que me amó y cuidó desde pequeña, y fui consciente, a medida que crecía, de que yo soy parte y puedo siempre aportar a lo que se está haciendo.

Ivana Sánchez (35 años)

Mis padres nos enseñaron a tener una relación con Jesús, a conocerlo más, a amarlo. A tener devocionales y buscarlo; a leer la biblia y memorizar versículos juntos. También vi a mis papás amar a las personas de formas muy prácticas y reales... igualmente vi cómo los lastimaban personas a las que les habíamos abierto las puertas de nuestro hogar; lo que no vi fue que guardaran rencor o amargura... fueron rápidos en perdonar. Casi como si supieran que lo que hacían lo hacían para Jesús y ponían la mirada en Él (no que haya sido fácil, pero así lo decidieron). Eso me ayudó a vivir una vida esperando lo mejor de las personas sin enroscarme en pensamientos... me llevó a vivir una vida más ligera, que no cargaba rencores o amargura, y a amar a las personas de la iglesia. Desde pequeña me involucraron y servíamos como familia; me llevaron a ver la necesidad que nos rodeaba y así no solo vivir en nuestro "mundito". Creo que eso encendió algo en mi corazón que hasta el día de hoy está vigente.

19. ¿CÓMO PUEDE UNA BUENA CRIANZA PRODUCIR HIJOS QUE AMEN Y SIRVAN A LOS DEMÁS?

Juan Manuel Acosta (20 años)

La crianza con límites sanos es fundamental porque enseña a comprender la importancia de la disciplina y el respeto, tanto por uno mismo como por los demás. Los límites no se te imponen para restringirte, sino para brindarte una estructura que te permita desarrollarte de manera equilibrada y segura.

Nicolás Vilaseca (34 años)

Una buena crianza tiene un impacto directo en cómo los hijos aman y sirven a los demás. Cuando los padres enseñan con el ejemplo, mostrando amor incondicional, generosidad y un compromiso real por ayudar a quienes lo necesitan, los hijos absorben estos valores de manera natural. Mis padres siempre nos enseñaron que servir a los demás no es una opción, sino un acto de amor y responsabilidad. Además, nos mostraron que la verdadera satisfacción viene de dar sin esperar nada a cambio. Al ver cómo servían en la iglesia y en la comunidad, entendí que la vida se trata, más que de recibir, de compartir lo que uno tiene. Una crianza basada en estos principios crea una base sólida en los hijos, quienes aprenden a valorar a los demás, ser empáticos y buscar maneras de contribuir al bienestar de otros. Así, el amor y el servicio no se ven como algo que hay que hacer, sino como una forma natural de vivir.

Bruno Grillo (26 años)

Sin dudas, el ejemplo es clave. Especialmente el que se vive en casa. Así como un domingo no es lo que transforma a las personas (sino el tiempo que inviertes en ellas), lo mismo ocurre con los hijos (o eso fue lo que viví yo). Reflejar a Dios y su amor en acciones y palabras es lo fundamental. Hoy amo la iglesia y lo que Dios quiere para ella, en primer lugar, por el tiempo que mis papás invirtieron en enseñarme que decidir por Dios es transformador para mi vida. Ellos me enseñaron que dedicar mi vida a buscarlo es la mayor herencia que podían dejarme. Guiarnos hacia una vida de oración y búsqueda de Dios fue parte fundamental de lo que me hizo encontrar mi experiencia personal de querer vivir para Él por el resto de mis días, no la cantidad de prédicas que dieron o las personas que vi cada fin de semana. El servicio genera pertenencia. Pero cuando entiendes que el fin es trascendental y no solo un resultado temporal, la pasión arde de manera divina.

Franco Vilaseca (20 años)

Una buena crianza hace que tus hijos amen y sirvan a los demás, demostrándoles lo que Jesús vino a hacer a la tierra. Vino a amarnos y a servirnos, Él mismo lo dijo "No vine a ser servido sino a servir". Esa es la clave para que la crianza tenga esos efectos en tus hijos, dando el ejemplo primero y entendiendo que el servicio es un acto de amor.

Belén Vilaseca (27 años)

Cuando uno ha sido amado y servido, esto le impacta positivamente: uno quiere devolver todo aquello que recibió. Ver a mis papás hacerlo con otros desinteresadamente me demostró que hay muchos más tesoros en dar que en recibir.

Iván Vilaseca (32 años)

Desde el ejemplo y con conversaciones intencionales con los hijos. También haciéndolos parte y compartiendo espacios de amor y servicio a los demás.

Julián Sánchez (29 años)

Desde un balance correcto de amar y servir a los demás, priorizando en esto a los hijos.

Michelle Escobar (22 años)

La forma en que lo describiría es que cuando dos personas se unen, ejemplificando un matrimonio centrado en Cristo, eligiendo dedicarse activamente a su familia día tras día, nos da a los hijos una nueva perspectiva del mundo que nos rodea. Afecta directamente nuestro ministerio y la influencia que tenemos en las personas a nuestro alrededor. Lo que vemos en el hogar importa. Cómo se aman nuestros padres, cómo administran lo que el Señor les ha dado, cómo manejan los conflictos, las épocas decepcionantes y su capacidad para ser honestos acerca de sus luchas. Todo esto importa y nunca pasa desapercibido. Estos patrones familiares crean cultura. La cultura es cómo se siente la gente cuando está cerca de ti; el impacto que les dejas cuando te vas. Creo que es genial cómo se repiten estos patrones. La crianza es crucial en esto. Los hijos observan todo lo que hacen sus padres y luego el patrón se repite.

20. ¿EN QUÉ SE DIFERENCIA TU PERSONALIDAD DE LA DE TUS HERMANOS? ¿DE QUÉ MANERA TUS PADRES ALENTARON Y ALIMENTARON TU FORMA PARTICULAR DE SER?

Jazmín Acosta (16 años)

Somos diferentes en nuestros temperamentos, pero parecidos en nuestros gustos y pasatiempos. Mis papás siempre me alentaron a creer en mí y en mis capacidades, a defender mi postura y a reconocer mis errores.

Marina Grillo (28 años)

Somos los tres muy distintos, pero *muy* unidos. Mis hermanos son mis mejores amigos. Yo suelo ser muy pasional, radical y líder. Mi hermano es pacificador, amoroso y sabio. Y el más chico es perseverante, cariñoso y también apasionado por las cosas que le gustan y ama. Mis papás supieron con el pasar de los años amarnos de la manera en que cada uno necesitaba. Algunos demandamos más cariño físico, y otros menos, así como tiempo de calidad. Ellos siempre fueron conscientes de que cada uno de nosotros necesita un lenguaje del amor diferente.

Samuel Escobar (17 años)

Este es solo un ejemplo, pero creo que una de las mayores diferencias en mi personalidad en comparación con mis hermanos es el hecho de que me preocupo mucho. Mis padres me han animado a no hacerlo y, en cambio, saber que Dios está ahí para ayudarme. Él no me decepcionará y siempre puedo recurrir a Él.

Julián Escobar (15 años)

Probablemente soy el más introvertido de mis hermanos. Mis padres siempre han apoyado mis intereses creativos y me han empujado a hacer lo que amo.

Franco Vilaseca (20 años)

Mi personalidad se diferencia en comparación con cada uno de mis hermanos; algunos tienen pasión e interés por cosas que yo no, otros tenemos más paciencia y a diferencia de los que son más alegres, en fin; cada quien tiene su forma de ser y creo que mis padres alimentaron esto dando a cada uno la libertad para expresarse y ser como es.

Michelle Escobar (22 años)

Yo diría que los tres hijos Escobar somos bastante opuestos. Desde las cosas que nos gustan y las que no, hasta la forma en que nos expresamos, comunicamos y procesamos las emociones. En los últimos años, he abierto los ojos a la belleza de lo diferentes que somos todos, e incluso he podido reconocer el arduo trabajo de mis padres al educarnos a cada uno según nuestras fortalezas y debilidades. De los tres, me han dicho, y estoy de acuerdo, yo soy la más franca, la más motivada, la más independiente y, a veces, la más intensa. Desprecio la sensación de que me controlen, lo cual fue un punto de tensión durante mucho tiempo con mis padres. Con el tiempo, encontramos nuestro ritmo en la comunicación, ya que aprendí a someterme a la autoridad, expresar mis sentimientos en vulnerabilidad y confiar en el juicio de mis padres. He visto cómo no han intentado "callarme" ni matar el impulso dentro de mí, al mismo tiempo que me han enseñado a andar con sabiduría y gentileza en el camino del Señor.

21. ¿CUÁL FUE EL ROL DE TUS PADRES PARA AYUDARTE A DESCUBRIR TUS DONES Y TALENTOS?

Jerónimo Grillo (22 años)

Me dejaron explorar y probar, nunca me limitaron a lo que a ellos les gustaba.

Jazmín Acosta (16 años)

Ellos siempre me dijeron que mi talento era cantar, yo lo veía más como un pasatiempo y tenía mucha vergüenza de equivocarme ante otros, pero con el tiempo me di cuenta de que si lo hago es para adorar a Dios y desde entonces me dejo llevar por el espíritu santo. Dios a través mío va a llegar al corazón de muchas personas.

Juan Manuel Acosta (20 años)

Ellos siempre estuvieron a mi lado en cada nuevo emprendimiento y actividad, por eso es que descubrí mis dones y talentos. Gracias a la paciencia y disposición que me han dado en todo momento fue que me formé y pude darme cuenta de lo talentoso que era en ciertas áreas.

Marina Grillo (28 años)

Mis padres fueron mi inspiración. Ver cómo ellos servían de manera pasional en la iglesia me inspiró a involucrarme en el servicio desde que soy chica y así descubrir lo que a mí me apasionaba. También muchos de los dones que mis padres portan nosotros los heredamos, entonces no fue difícil el camino de descubrirlos porque estábamos muy expuestos a sus espacios de servicio y aprendimos mucho con ellos.

Samuel Escobar (17 años)

Mis padres nunca me han obligado a nada, pero sí me han animado a hacer cosas que creen que me ayudarán a crecer. Quieren lo mejor para mí y no me presionan ni me obligan. Me han dado la opción de explorar lo que me gustaría hacer con mi futuro. Eso es algo en lo que todavía estoy trabajando.

Bruno Grillo (26 años)

Una de las maneras más claras que tengo en las que ellos me guiaron en este plan de descubrir mis dones/talentos es dándome dos cosas esenciales: espacio y afirmación. Espacio para opinar, servir, involucrarme y afirmarme en lo bueno que Dios puso en mi vida, animándome a no frenarme por mi timidez o falta de confianza. Haciendo espacio también para crear conversaciones que me ayudaron a destrabar mis pensamientos, aclarar mis dudas y ganar seguridad en lo que Dios había puesto en mí.

Belén Vilaseca (27 años)

Siempre me impulsaron a dejar la vergüenza, que es algo que hasta el día de hoy puede ponerme trabas al intentar expandirme. Me han recordado muchas veces que tenía un don y que podía desarrollarlo. Poder cantar a la par de mi mamá después de escucharla por años me ayudó a animarme a más, sentirme respaldada y después impulsada a hacerlo sola con todo su apoyo.

Iván Vilaseca (32 años)

Fue importante porque me han dado espacios de prueba y autoconocimiento. Cuando sentí el llamado de Dios para hacer un encuentro para hijos de pastores, mis viejos me ayudaron y pusieron a disposición todo lo que tenían para que pudiera avanzar y responder a ese llamado con su apoyo.

Ivana Sánchez (35 años)

Mis padres siempre potenciaron las habilidades que veían en mí, llevándome por ejemplo a hacer deportes o artes, como estudiar canto y guitarra; de adolescente invirtieron en que pueda hacer comedia musical en una escuela muy renombrada de Buenos Aires. Siempre estuvieron dispuestos a invertir en el potencial que veían y con una mentalidad de Reino, sabiendo que podía ser parte de desarrollar el llamado de Dios en mi vida.

22. CADA FAMILIA TIENE TEMPORADAS DIFÍCILES Y, A VECES, ENFRENTA TRAUMAS COMPLICADOS. ¿CUÁL ES UN EJEMPLO DE UN ENFOQUE SANO ANTE LOS DESAFÍOS Y TRAUMAS QUE APRENDISTE DE TUS PADRES Y SU DINÁMICA FAMILIAR?

Pamela Sánchez (27 años)

Mi mamá siempre nos hablaba de que hay un tiempo para todo, y entender que el dolor es parte de los procesos fue algo que hablamos desde muy chiquitos. Hablar de eso que nos dolió, recordarlo, reírnos mientras llorábamos y múltiples cosas más, me ayudan hasta hoy a poder aprovechar cada proceso.

Bruno Grillo (26 años)

En nuestra familia, un enfoque saludable para enfrentar desafíos y traumas fue, ante todo, reconocer que no todos somos iguales ni procesamos las situaciones de la misma manera. Por eso ha sido de suma importancia aprender a entender y empatizar con el otro. Si alguien necesita más tiempo para procesar una situación o requiere compañía y apoyo, como familia hemos aprendido a estar presentes y acompañarnos/abrazarnos en ese proceso. No dejar conversaciones pendientes. A veces, en lo personal, me es fácil guardarme las cosas en lugar de hablarlas, pero comprendí que no hay mejor espacio para cuestionar, buscar claridad y sanar que en un ambiente de refugio y amor como el que encontramos en nuestra familia.

Franco Vilaseca (20 años)

Una temporada difícil para mí, fue cuando uno de mis hermanos y su esposa decidieron cambiar de congregación. Para nosotros, en principio, fue chocante; pero se hizo mucho enfoque en que seguimos siendo familia, seguimos estando juntos y eso no iba a hacer que nos amemos menos, sino todo lo contrario: somos familia siempre.

Iván Vilaseca (32 años)

Creo que los traumas que más hemos enfrentado han tenido que ver con la iglesia, con traiciones o personas que terminaban lastimando a mis padres y, por consecuencia, a la familia. En esos momentos, no tengo recuerdos de mis padres quejándose frente a nosotros sobre la iglesia o ciertas personas, pero sí que entendía lo que estaba pasando. Tengo memorias de que celebrábamos cuando algo se destrababa o alguna situación complicada finalizaba, pero intentaban aislarnos de las problemáticas que personas de la iglesia traían.

Julián Sánchez (29 años)

Aprender en los momentos difíciles a confiar que Dios tiene el control y Su plan es perfecto.

Ivana Sánchez (35 años)

Mis papás saben poner los ojos en Jesús no importa el tamaño de las olas. Son buenos para perdonar rápido. Son buenos para mirar hacia al futuro y no quedarse añorando el pasado o lo que "no se dio". Son buenos para creer que Dios tiene algo mejor del otro lado de la situación difícil.

23. ¿CÓMO TE AFECTÓ ENFRENTAR GRANDES CAMBIOS COMO FAMILIA? ¿QUÉ APRENDISTE DEL ENFOQUE DE TUS PADRES FRENTE A ESTOS CAMBIOS DE VIDA?

Jerónimo Grillo (22 años)

El mayor cambio que vivimos fue claramente el cambio de iglesia, ¿cómo dejar años y años de pastorado, amigos, familia, ministerios, sin morir en el intento? Poniendo todo en las manos de Dios y siguiendo Sus tiempos.

Nicolás Vilaseca (34 años)

Enfrentar grandes cambios como familia definitivamente fue un desafío, pero mis padres siempre me enseñaron que los cambios son parte de la vida y que cada uno de ellos tiene el propósito de hacernos crecer. Aunque no siempre fue fácil adaptarse a nuevas situaciones, ellos nos guiaron con una actitud positiva, mostrándonos que los cambios no eran algo que temer, sino oportunidades para aprender y mejorar. Lo que más aprendí del enfoque de mis padres ante esto fue la importancia de mantener una actitud resiliente y abierta. Ellos nunca se enfocaron en lo negativo, sino en cómo podíamos adaptarnos, encontrar lo bueno y aprovechar cada nueva situación para salir fortalecidos. Esto me enseñó que la flexibilidad, la paciencia y la fe son claves para enfrentar cualquier transición o desafío en la vida.

Samuel Escobar (17 años)

He pasado por muchos cambios, y no siempre han sido fáciles para mí. Como mis padres eran misioneros, nos mudamos mucho y recuerdo cada una de las veces en que nos enteramos que nos íbamos a mudar. En esos momentos, no estaba feliz, pero, en definitiva, eso era lo que Dios nos estaba llamando a hacer. He aprendido a tener confianza y flexibilidad ante estas situaciones.

Julián Escobar (15 años)

Vivimos en tres países diferentes, y siempre me di cuenta de que mis padres siguieron el llamado de Dios de mudarnos a esos países. Gracias a estas mudanzas, me di cuenta de lo grande que es el mundo y aprendí mucho sobre diferentes culturas. También aprendí a agradecer todas mis bendiciones.

Franco Vilaseca (20 años)

Un gran cambio me llevó a pensar: "¿Por qué a nuestra familia?" Pero aprendí y entendí en ese momento, gracias a mis papás, que nada se escapa del plan de Dios y que Él tiene todo bajo control, trayéndome paz y tranquilidad.

Belén Vilaseca (27 años)

Creo que los cambios que vivimos como familia me ayudaron a atravesar con más facilidad los que enfrento hoy, sin tanta inflexibilidad, entendiendo que Dios está a cargo. Mis papás me enseñaron a ser agradecida siempre, a honrar a Dios con lo que sea que tengamos y dar la milla extra, ¡no podría haber pedido mejores maestros!

Julián Sánchez (29 años)

Aprendí a tener paciencia y confianza en Dios.

Iván Vilaseca (32 años)

Puedo ver a la distancia que los cambios nos han afectado de forma distinta a cada hermano, pues su efecto dependía de la temporada o etapa de la vida en que estuviéramos cuando llegaban. En mi caso, no los recuerdo como eventos negativos, más bien los entendía (creo que por cómo eran comunicados) como avances o mejorías para nosotros. Aprendí que el enfoque tiene que estar puesto en Dios. Los grandes cambios sucedían como respuestas a llamados de Dios, o al menos así lo entendía. Al ocurrir un cambio, es importante estar atentos al impacto que provoca en cada miembro de la familia y sus personalidades, para abordar y acompañar de la forma en que cada uno lo necesita.

24. NOMBRA UNA O DOS MANERAS EN QUE CREES QUE TUS PADRES TE HAN PREPARADO (O TE PREPARARON) PARA DEJAR TU HOGAR Y VIVIR TU PROPIA HISTORIA.

Juan Manuel Acosta (20 años)

Responsabilidad y compromiso.

Marina Grillo (28 años)

La forma en la que mis papás me prepararon fue enseñándome a ser familia y ser hogar. Me enseñaron cómo echar "leña" a este "hogar" y también me daban la oportunidad, mientras vivía con ellos, de aportar a ese espacio donde pasamos tantos años juntos. Otra de las maneras en las que me prepararon fue animándome a independizarme de a poco. Mientras iba cumpliendo años agregaban pequeñas responsabilidades que me permitieron crecer y saber que yo podía ser una adulta independiente.

Samuel Escobar (17 años)

Mis padres han sido grandes ejemplos y me han ayudado a prepararme para el futuro. Me gustaría mencionar específicamente a mi padre, porque creo que es el mejor padre del mundo. Me ama muchísimo y me ha mostrado lo que significa ser un hombre centrado en Cristo para el resto de mi vida.

Belén Vilaseca (27 años)

Me impulsaron a estudiar lo que me apasionaba. Me ayudaron a enfrentar los errores y volver a intentarlo, así como a empezar a trabajar desde chica para poder desarrollar carácter y capacidad para ser independiente. Les agradezco por apoyarme en todo lo que decidiera y darme confianza.

Iván Vilaseca (32 años)

Mostrándome con el ejemplo lo hermoso de formar una familia, empezando por el trato amoroso entre ellos.

25. SI PUDIERAS AGRADECERLES ALGO A TUS PADRES HOY, ¿QUÉ SERÍA Y POR QUÉ?

Jerónimo Grillo (22 años)

Gracias por estar, siempre apoyarme, y amarme a pesar de todo.

Jazmín Acosta (16 años)

Les agradecería por criarme con tanto amor y dejarme en claro que ellos siempre me van a apoyar en lo que yo quiera mientras esté en los planes de Dios.

Juan Manuel Acosta (20 años)

Les agradecería por lo mucho que me demuestran su amor en cada detalle, en cada mensaje, en cada abrazo. Y agradezco porque siempre me apoyaron en todo, por eso soy quien soy, una persona dispuesta y con muchas ganas de mejorar.

Nicolás Vilaseca (34 años)

Si pudiera agradecerles algo a mis padres sería su amor incondicional y la forma en que siempre estuvieron ahí para mí, sin importar las circunstancias. Me enseñaron a amar a Dios, ser fiel a mis principios y valorar la familia. También les agradecería por el tiempo que dedicaron a mi crecimiento personal y espiritual, por su paciencia infinita y por siempre darme el espacio para ser yo mismo, incluso cuando mis decisiones no eran las mejores. Lo que soy es gracias a ellos, y no hay palabras suficientes para agradecerles por todo lo que han hecho por mí.

Pamela Sánchez (27 años)

Por mostrarme a Jesús, un momento con Jesús lo cambia todo. Y una vida criada por personas que quieren reflejar a Jesús, sin duda lo cambia todo.

Marina Grillo (28 años)

Les agradezco por permanecer en su amor a Dios, del uno al otro y hacia nosotros. Les agradezco porque hasta el día de hoy se siguen perfeccionando como padres.

Samuel Escobar (17 años)

Gracias por amarme sin importar lo que pase y en cada situación. Gracias por darme un buen ejemplo de lo que significa ser un joven que ama a Jesús. Ustedes han hecho tanto por mí y se los agradezco y los amo muchísimo.

Julián Escobar (15 años)

Gracias por amarnos a cada uno de nosotros y por reservar tiempo para estar en familia, vacaciones, cenas, noches de juegos y más. Nunca olvidaré todos los viajes familiares que hicimos alrededor del mundo. Estoy muy agradecida por la familia en la que crecí, con padres que aman al Señor y me han enseñado tanto.

Bruno Grillo (26 años)

Si pudiera agradecerles algo a mis papás, sería por el amor intencional con el que nos criaron. Nos dieron enseñanzas y guiaron con el ejemplo, reflexionando en cada acción y decisión el amor de Dios. Agradezco su dedicación, esfuerzo y pasión en cada área de sus vidas; su compromiso con la familia y el tiempo que siempre eligieron invertir en nosotros, tanto como en lo que Dios los llamó a responder. Gracias por enseñarme a confiar en Dios sobre todas las cosas y modelar una fe viva y auténtica. Por construir un hogar donde el amor, la unidad y la entrega hacia los demás fueran prioridad. Gracias por amarme y abrazarme con mis errores y aciertos, consentirme y dar lo mejor de ustedes para vernos bien. Gracias por respetarse y amarse mutuamente, demostrarse cariño, tener tiempos de oración juntos y darme el mejor ejemplo mientras escribo mi propia historia. Gracias por ser intencionales en generar una relación de pacto más allá de lo sanguíneo. Esto es un poco de lo mucho que puedo agradecer porque, sin dudas, hoy soy lo que soy en gran parte a causa de lo que invirtieron, y siguen invirtiendo, en mi vida. ¡Su vida, mi mayor legado! Los amo, más de lo que creen.

Franco Vilaseca (20 años)

Si les pudiera agradecer algo a mis padres, sería: Gracias por siempre poner a Dios como base de la familia; gracias por siempre confiar en cada uno de sus hijos y encargarse de que a ninguno le falte nada. Gracias por la pasión por Dios que transmiten y demuestran y gracias por hacer que la familia esté unida, sin guardar rencores ni pensamientos negativos de los demás, perdonando en todo momento. Gracias por impulsarnos a creer y a crecer en Jesús.

Michelle Escobar (22 años)

Quiero agradecerles a mis padres por haber elegido el camino más desafiante de la crianza de los hijos, el cual requirió una profunda inversión en nosotros, incluso en épocas difíciles. Su inquebrantable dedicación a nuestro crecimiento como seguidores de Jesús nos ha moldeado profundamente. Aunque no fueron perfectos, se mantuvieron firmes en su incansable búsqueda del bienestar y la fe de sus hijos.

Belén Vilaseca (27 años)

Por su amor incondicional, y cuidarme y abrazarme siempre que lo necesite. Por escucharme sin importar el tema; por dialogar, jugar, reír, llorar, darme una vida muy feliz y una familia que no cambiaría por nada.

Iván Vilaseca (32 años)

El responder al llamado de Dios. Su cuidado, buen ejemplo, permanencia en la fe y amor por la familia y las personas a pesar de las faltas.

Julián Sánchez (29 años)

Gracias por haberme apoyado, amado y empoderado.

Ivana Sánchez (35 años)

Les agradezco el amor y entrega al criarnos (ahora que soy mamá me doy cuenta que es muuucha la entrega). Les agradezco que me acercaron a Jesús, tanto con sus palabras como con su ejemplo. Les agradezco que supieron priorizarnos en medio de una vida ocupada, haciendo espacios para escucharnos, amarnos y compartir juntos.

CUANDO LOS HIJOS SE HACEN PADRES

Nicolás Vilaseca, hijo de Roberto y Andrea, está casado con Coni Martínez, y tienen dos hijos: Ian de 5 años y León de 2 años. Ivana Sánchez, hija de Gabriel y Gabriela, está casada con Fede Luque, y sus hijos son León, de 6 años y Emma, de 2 años. Nicolás e Ivana hablan un poco sobre cómo han llevado a su paternidad las experiencias familiares de su propia crianza.

1. ¿CUÁLES SON ALGUNOS PRINCIPIOS O VALORES QUE APRENDISTE DE TUS PADRES Y QUE AHORA APLICAS CON TUS HIJOS?

Nicolás Vilaseca (34 años)

- Amar a Dios: Mis padres siempre pusieron a Dios en el centro de nuestras vidas, y esa es una enseñanza que he querido transmitir a mis hijos, para que crezcan con una base sólida de fe y amor por Él.
- Empatía por los sentimientos: Mis padres siempre fueron muy atentos a cómo nos sentíamos y eso me enseñó a ser empático con mis hijos, escucharlos y comprender sus emociones para poder apoyarlos mejor.
- Importancia del juego exclusivo: Mamá y papá me enseñaron que el tiempo de calidad con nuestros hijos, en forma de juegos y actividades, es fundamental. Este tipo de experiencias fortalece el vínculo al tiempo que crea un ambiente de respeto

y obediencia, ya que los niños aprenden que las figuras de autoridad también son las que se dedican a compartir momentos especiales con ellos.

- Compartir: Mis padres nos enseñaron a compartir lo que tenemos con los demás, ya sea tiempo, recursos o cariño. Este valor de generosidad lo transmito a mis hijos, enseñándoles la importancia de ser generosos y amables con los demás.

Ivana Sánchez (35 años)

Algo que aprendí de mis papás, y que aplicamos con León y Emma, es que en nuestra familia decimos que la primera regla familiar es: "Ama a Dios con todo tu corazón, con todas tus fuerzas y con toda tu mente y ama a las personas como a ti mismo". Esta "regla" que pusimos en casa, la viví con mis padres; recuerdo aprender/memorizar el versículo juntos y también vivirlo de forma práctica en nuestro día a día. Hoy lo veo especialmente con León, ahora que es más grandecito, y vamos viendo algunos frutos de lo sembrado en él... tiene un gran corazón por las personas; en sus oraciones suele decir "que todos puedan conocer el amor de Dios" o tiene presente a los pobres, o a quienes tienen alguna necesidad... cuando vamos por la calle y ve a alguien en situación de calle me dice "mamá tenemos que darle algo y tenemos que orar por esa persona". A veces como adultos, estamos apurados con nuestras propias agendas y León me desafía a frenar y ver/amar a los que nos rodean.

2. ¿HAY ALGUNA ENSEÑANZA ESPECÍFICA QUE RECUERDES DE TUS PAPÁS Y QUE AHORA ENTIENDES MEJOR COMO PADRE/MADRE?

Nicolás Vilaseca (34 años)

No sé si hay una enseñanza específica, pero lo que ahora entiendo perfectamente como padre es el porqué de esos 'no' que de chico no veía con tanta lógica o fundamento. Ahora, con la experiencia de ser padre, comprendo que esos 'no' estaban llenos de amor y protección. Mis padres, con su sabiduría, sabían lo que era mejor para mí, incluso cuando no lo entendía en ese momento. Ahora veo que esos límites y decisiones eran para mi bienestar y para enseñarme lecciones que, de niño, no podía comprender completamente.

Ivana Sánchez (35 años)

El hecho de poner límites es algo que veo como una muestra de amor ahora que soy mamá… antes lo sabía en teoría, pero ya que lo experimenté con mis hijos, veo que los ayudan a estar seguros, así como a entender hasta dónde pueden y hasta dónde no… también a veces es una "fiaca", un fastidio. Es importante poner límites, aunque sepas que como respuesta vas a tener un berrinche, oposición, gritos, quejas… a veces parece más fácil "ceder" para no enfrentar estas reacciones, pero cuando mantienes esos límites ves como los niños los entienden, se acomodan y amoldan a lo que les dices y, con el tiempo, los aceptan más rápido, o con menos oposición. Recuerdo una frase de mi mamá de cuando éramos chicos: "Dije no y no cambio", eso era porque mi mamá era muy buena y siempre buscábamos la forma de convencerla para hacer lo que quisiéramos; pero cuando decía esa frase sabíamos que ya no se podía negociar. Ser claros en los límites, hacerlo con amor y con firmeza, a veces explicando los porqués, cría hijos seguros, amados y protegidos. Es todo un desafío y los pequeños crecen y cambian las temporadas y las formas de poner límites. Yo estoy aprendiendo del día a día… hay veces en que me sale mejor, otras peor, pero con el espíritu Santo y buscando Su guía ¡se puede!

3. ¿HAY ALGUNA ACTIVIDAD O TRADICIÓN QUE APRENDISTE DE TUS PADRES QUE AHORA SIGUES HACIENDO CON TUS PROPIOS HIJOS?

Nicolás Vilaseca (34 años)

Sí, una de las tradiciones que aprendí de mis padres y que ahora sigo haciendo con mis propios hijos es dedicarles tiempo de calidad. Es un tiempo en el cual podemos estar juntos, y ellos se sienten libres para expresarse, ya sea bailando, cantando o jugando. Además, compartimos campamentos que se han convertido en una tradición muy especial. Esos momentos nos permiten estar más cerca, disfrutar de la naturaleza y fortalecer nuestro vínculo familiar.

Ivana Sánchez (35 años)

Sí, buscamos tener un tiempo juntos cantándole a Jesús como familia. Fede (mi esposo) o yo tocamos la guitarra, León busca unos palitos y toca una batería "improvisada" en el sillón de casa, Emma agarra su mini guitarrita o su micrófono de juguete, bailamos, cantamos y terminamos orando, leyendo alguna historia de la Biblia. Con Fede creemos que son momentos claves en los que sembramos en nuestros hijos, les enseñamos a orar, a buscar a Jesús a relacionarnos con Él de una forma sencilla y genuina. Hemos tenido momentos complicados, o de toma de decisiones, en los que les decíamos "papá y mamá están tristes" o "papá y mamá están tomando decisiones difíciles y necesitamos orar juntos para que Dios nos guíe" y los hicimos parte, sin cargarlos de más, pero siendo sinceros al respecto de cómo estábamos, ¡mostrándoles que siempre podemos ir a Jesús cuando estemos bien o cuando estemos mal! También en estos espacios juntos vemos a nuestros hijos adorar y cantar con pasión a Jesús (porque cantan a los gritos y bailan y saltan sin parar) y nos llena el corazón de alegría escucharlos orar, y preguntar sobre Dios o las conclusiones que sacan de las historias que leemos. Hacemos nuestro "altar familiar" y sabemos que es más importante lo que hacemos en privado, que lo que hacemos en público. Antes que ser pastores, líderes o alcanzar a muchas personas para Jesús, lo más importante es ser buenos padres y que nuestros hijos puedan amar a Jesús y Su iglesia. Porque también sabemos que ellos fueron llamados para influenciar y bendecir esta nueva generación.

4. ¿CÓMO HA CAMBIADO TU PERSPECTIVA SOBRE LA CRIANZA AL PASAR DE SER HIJO(A) A SER PADRE/MADRE?

Nicolás Vilaseca (34 años)

Mi perspectiva sobre la crianza ha cambiado bastante al pasar de ser hijo a ser padre. Antes, como hijo, no entendía completamente las razones detrás de muchas de las decisiones de mis padres. A veces pensaba que sus negativas no tenían mucha lógica, o que ciertos límites no eran tan importantes. Ahora, al ser padre, comprendo que esas decisiones venían desde el amor y la sabiduría, pensadas para protegernos y guiarnos por el mejor camino posible. Además, me he dado cuenta de lo fundamental que es ser intencional en el tiempo que paso con mis hijos, como lo fueron mis padres conmigo. El simple hecho de estar presentes, de compartir momentos de calidad y de darles espacio para expresarse, se ha vuelto esencial. También he aprendido que, aunque ser padre puede ser desafiante, cada sacrificio tiene un propósito y un valor inmenso en el desarrollo de mis hijos. Ahora veo la crianza no solo como un proceso de enseñanza, sino también de aprendizaje, y cada día me da nuevas lecciones.

Ivana Sánchez (35 años)

Ahora que estoy del lado de ser mamá puedo comprender más la gran entrega de ser padres; la dedicación 24/7, el amor incondicional. Criar hijos es mucho trabajo duro, pues implica sembrar sin ver frutos instantáneos. Criar hijos te desafía a averiguar dónde están tus convicciones, a depender más del espíritu santo, a tener gracia con ellos y contigo misma. Cuando las cosas no te salieron bien, te lleva a pedir perdón (aun cuando son bebés o pequeños) e intentar hacerlo mejor el día siguiente. Ser mamá, me hizo valorar tanto más todo lo que mis padres hicieron por mí. Decisiones de vida, inversiones de dinero, "soltarme" para que me fuera a otro país a estudiar... Como hija parecía fácil "soltar", pero del lado de los padres veo qué difícil es hacer eso con nuestros hijos: animarlos y potenciarlos a que avancen en el llamado de Dios para sus vidas, incluso cuando eso signifique que estén lejos de nosotros. Me hizo entender la responsabilidad y el honor de que Dios nos "confíe" a estas personitas hermosas que son nuestros hijos para criarlos, amarlos, potenciarlos y encaminarlos en una relación con Jesús.

ACERCA DE LOS AUTORES

DANIEL Y MISTY ESCOBAR

 Daniel y Misty se casaron en el 2000, festejando este año su aniversario número 25. Daniel es originario de Mexicali, México. Misty creció en Virginia, EE. UU. Se conocieron en 1997 cuando Misty estaba de viaje misionero en la ciudad natal de Daniel. Juntos como matrimonio y familia han vivido en Mexicali, México; Williamsburg, Virginia; Washington, DC y Buenos Aires, Argentina. Actualmente radican en Chattanooga, Tennessee con sus tres hijos: Michelle de 22, Samuel de 17 y Julián de 15. Como familia, les encanta descubrir nuevos lugares de desayuno, jugar juegos de mesa, ver películas y viajar.

Daniel es empresario, y Misty es Coach del Eneagrama. Pastorearon juntos por 13 años en Virginia antes de fundar La Red con el enfoque de ayudar a iglesias en Latinoamérica. Su pasión es ayudar a parejas y pastores a descubrir su llamado y acompañarlos en el proceso de lograr sus sueños.

de izquierda a derecha: Dany, Julián, Misty, Samuel y Michelle
Diciembre 2024

CONOCE MÁS A DANIEL Y MISTY

Daniel: @danyesco

Misty: @mistyesco

Eneagrama:

@eneagrama_discoverfreedom

GABRIEL Y GABRIELA SÁNCHEZ

Gabriel y Gabriela Sánchez (conocidos cariñosamente por sus amigos como "los Gabys") se casaron en 1988, cumpliendo 38 años de matrimonio hace apenas unos meses. Viven juntos en Buenos Aires, Argentina donde han criado a su hermosa familia. Tienen tres hijos ya casados: Ivanna, de 35, con Fede Luque; Julián, de 29, con Valentina Mesa; y Pamela, de 27, con Tomás Igarzabal. Ivanna y Fede les han regalado dos hermosos nietos, León de 7 años y Emma de 3. Los Gabys también honran la vida de su hermosa Mailén que se fue con Jesús a los 2 años de edad. Como familia, los Sánchez disfrutan ir a la playa, jugar al voleibol y todo lo que tenga que ver con deportes. Les encanta crear tiempo de calidad y viajar a nuevos lugares juntos, experimentando conferencias, y conociendo distintas maneras de hacer la iglesia.

Secularmente, los dos están jubilados. Gabriel de empresario y profesor de tenis, y Gabriela de docente y consultora psicológica. Han pastoreado juntos por más de 20 años, primero en equipo, y luego en 2015 plantando la iglesia Eco como pastores principales. Como pareja, atesoran ir juntos al cine y pasar tiempo con sus nietos.

Nosotros (Daniel y Misty) conocimos a los Gabys por medio de su hijo, Julián, en el año 2015 cuando participó en el internship de La Red. Julián fue parte de nuestro equipo de lanzamiento para plantar una iglesia en Washington DC. Nos conectó con sus papás, y fue por esa conexión que hicimos nuestro primer viaje a Buenos Aires en el 2016. Luego nos visitaron los Gabys en México cuando vivíamos allí en el 2017, y juntos fuimos a una conferencia para pastores. Nuestra conexión comenzó por la pasión de plantar iglesias y terminó siendo una bonita amistad.

de izquierda a derecha: Gabriel y Gabriela, Valentina y Julián,
Ivana y Fede con Emma y León, Pamela y Tommy
Marzo 2025

CONOCE MÁS A GABRIEL Y GABRIELA

Gabriel: @gab.san

Gabriela: @gabrielansanchez

Iglesia Eco: @iglesiaeco

ROBERTO Y ANDREA VILASECA

Roberto y Andrea Vilaseca han estado casados por 35 años. Roberto es originario de Junín y Andrea de Buenos Aires, donde actualmente viven. Juntos disfrutan caminar por el centro de la ciudad, recorrer librerías, mirar series y viajar. Tienen cinco hijos: Nicolás de 34, Iván de 32, Belén de 27, Ignacio de 22 y Franco de 20. Tres de sus hijos están casados: Nicolás con Coni Martínez, Iván con Dana Gribodo y Belén con Ramiro Rocha. Están bendecidos con dos nietos, Ian de 5 y León de 2, hijos de Nico y Coni, y están esperando su primera nieta muy pronto. Como familia, les encanta celebrar fechas importantes juntos y jugar juegos de mesa.

Roberto es Licenciado en Periodismo y Comunicación, y Andrea es Coach Ontológico, pero su pasión ha sido el pastoreado por más de 30 años. Juntos plantaron la iglesia Nexo en el 2018, y actualmente forman parte del equipo de la iglesia Buenas Nuevas. Roberto también es parte del Staff de La Red, y junto con Andrea están a cargo del Cuidado Pastoral de La Red.

Nosotros (Daniel y Misty) conocimos a Roberto y Andrea en un Intensivo de La Red en 2016, pero fue cuando nos mudamos a Buenos Aires como familia que empezamos a profundizar una hermosa amistad. Tuvimos la oportunidad de tomar muchos cafés, salir a cenar a menudo y viajar juntos en esos dos años. Cuando regresamos a EE. UU. en el 2020, su hijo Iván hizo un internship cerca de casa, y pudimos seguir conociéndolo más. Los lazos de amistad que hemos seguido fortaleciendo con la familia Vilaseca han sido una gran bendición en nuestras vidas.

Fila superior de izquierda a derecha: Franco, Nico (con León en brazos), Coni, Roberto, Dana, Andrea, Nacho, Belén y Ramiro; fila inferior: Ian e Iván
Marzo 2024

CONOCE MÁS A ROBERTO Y ANDREA

Roberto: @robertovilaseca

Andrea: @andreagvilaseca

Iglesia Nexo: @iglesianexo

Iglesia Buenas Nuevas: @buenasnuevasba

DARÍO Y MARIEL ACOSTA

Darío y Mariel Acosta viven en Buenos Aires, Argentina. Cumplieron 31 años de casados en mayo de este año. En esta etapa de la vida, disfrutan mucho como pareja salir a cenar y viajar juntos. Tienen tres hijos: Sol de 26 años, Juan Manuel de 20 y Jazmín de 16. Su hija, Sol, está casada con Matías Spósito, y Darío y Mariel se acaban de convertir en abuelos unos meses antes de la publicación de este libro. Como familia, a los Acosta les encanta vacacionar juntos en la playa.

Hace 19 años que plantaron la iglesia El Centro en el área de Liniers en Buenos Aires, y siguen de pastores principales. Su iglesia hace mucho trabajo social y tiene un impacto tremendo en la ciudad. Su liderazgo es dinamita, y lo llevan a cabo con fuerza y pasión. Además de construir una vida, criar una familia y pastorear una iglesia juntos, Darío y Mariel también trabajan en la Biblioteca del Congreso de la Nación.

Nosotros (Daniel y Misty) conocimos a Darío y Mariel en noviembre de 2018 en un evento de La Red en Buenos Aires. Inmediatamente nos conectamos y nos emocionó que decidieran unirse a la Red poco después. Cuando comenzamos a reunirnos con ellos regularmente, se estaba formando una dulce amistad. Como vivíamos en Argentina en ese tiempo, pudimos visitar las reuniones de su iglesia con regularidad y conocer a su familia más a fondo. Una de las cosas que más nos impactó fue el amor hacia Dios que refleja cada uno de ellos en todo lo que hacen. Hasta el día de hoy seguimos disfrutando de una linda amistad.

de izquierda a derecha: Sol, Mariel, Dario, Juan Manuel y Jazmín
Diciembre 2022

CONOCE MÁS A DARÍO Y MARIEL

Darío: @_darioacosta_

Mariel: @marielkavlakian

Iglesia El Centro: @elcentro.iglesia

FERNANDO Y NATY GRILLO

Fernando y Naty Grillo tienen 29 años de matrimonio. En momentos libres, les encanta caminar juntos y hacer una parada espontánea en algún café de especialidad. Tienen tres hijos: Marina tiene 28 años, casada con Santiago Dragone; Bruno, tiene 26, casado con Lara Bermudez; y el menor, Jerónimo, tiene 22 años. Marina y Santiago esperan con alegría la llegada de su primer bebé, lo que convertirá a Fernando y Naty en abuelos en 2026. Como familia disfrutan mucho compartir tiempo de calidad y de las tradiciones que fueron creando juntos a lo largo de los años.

En el mundo secular, Fer es operador gráfico y Coach Ontológico; pero desde hace dos años se dedica exclusivamente al pastorado. Naty es docente, licenciada en Educación Inicial. Trabaja como profesora en un instituto de formación docente. Juntos fueron reconocidos pastores en diciembre de 2007, y desde 2018 pastorean Human, la comunidad de fe que plantaron como familia en el área de Devoto en Buenos Aires.

Nosotros (Daniel y Misty) conocimos a Fer y Naty por medio de su hija, Marina, cuando vivió con nosotros en Washington DC durante seis meses en el 2016 como parte del internship de La Red. Nuestras videollamadas durante ese tiempo con sus padres fueron el comienzo de una amistad especial que ha seguido floreciendo y creciendo. Después de regresar a Argentina, la emoción de Marina despertó el interés en su hermano, Bruno, y él terminó uniéndose al mismo programa en febrero de 2018.

Tener a los hijos Grillo en nuestra casa fue enriquecedor para nuestra familia y también el comienzo de una amistad que durará toda la vida. Nos brindó la oportunidad de presenciar de primera mano el fruto de la buena crianza de los hijos. No solo pudimos escuchar los relatos personales de Marina y Bruno sobre su crecimiento, así como el honor y respeto que tienen por sus padres, sino que también pudimos observar de cerca su dinámica familiar. Sin duda su ejemplo es uno digno de seguir.

de izquierda a derecha: Bruno, Lara, Fernando, Naty, Marina, Santiago y Jerónimo
Febrero 2025

CONOCE MÁS A FERNANDO Y NATY

Fernando: @f3r_grillo

Naty: @natygrillo

Iglesia Human: @humanbuenosaires

LA RED

La Red (anteriormente La Red Network) fue fundada en 2017 por Daniel y Misty Escobar. Durante su trayectoria plantando iglesias y pastoreando en Virginia y Washington, D.C., Daniel y Misty recibieron un apoyo invaluable por parte de diversas organizaciones de plantación de iglesias y pastores locales. Esto despertó en ellos una pasión por extender ese mismo nivel de respaldo a los pastores y plantadores de iglesias en América Latina.

Después de mucha oración, y una serie de eventos divinos, sintieron el llamado de fundar una organización enfocada en atender estas necesidades, especialmente en los países de habla hispana. Lo que comenzó en 2017 con solo tres iglesias, hoy en 2025 se ha convertido en un movimiento que impacta a más de 166 iglesias en 14 países.

La Red es un movimiento de líderes unidos por una misma visión del Reino, dedicado a acompañar a las iglesias de habla hispana en la construcción de comunidades locales saludables y culturalmente relevantes, siempre fieles a la visión que Dios les ha entregado.

La visión de La Red es movilizar líderes para que avance Su iglesia. Para lograrlo, trabajamos en la revitalización de iglesias locales existentes y en la plantación de nuevas comunidades, maximizando los recursos que Dios ha provisto a Su iglesia.

La Red ofrece una amplia variedad de programas de formación y acompañamiento, que incluyen:

- Cursos diseñados para repensar la iglesia y equipar a los líderes con herramientas innovadoras para el ministerio.
- Programas de entrenamiento integral para nuevos plantadores de iglesias.
- Iniciativas de desarrollo de liderazgo para fortalecer y capacitar equipos ministeriales.

- Programas de mentoría, tanto presenciales como virtuales, con acompañamiento personal y en grupos pequeños para fomentar la unidad y aportar valor a los ministerios.

A través de estas iniciativas, La Red continúa expandiendo su impacto, formando líderes y fortaleciendo iglesias para que prosperen y se multipliquen en todo el mundo de habla hispana.

Familias Escobar, Vilaseca, Grillo, Acosta y Sánchez
Buenos Aires, mayo 2019

CONOCE MÁS A LA RED Y CONÉCTATE CON NOSOTROS

@laredwork

www.larednetwork.org